献给一个正在复兴的伟大民族

本书为国家社会科学基金艺术学重大项目

"新兴城市文化流动和文化创新研究"（14ZD05）

阶段性成果

我们需要什么样的文化繁荣

WHAT KIND OF CULTURAL PROSPERITY DO WE NEED

王京生 著

社会科学文献出版社
SOCIAL SCIENCES ACADEMIC PRESS (CHINA)

CONTENTS
目录

前 言

PREFACE

我们需要什么样的
文化繁荣

WHAT KIND OF CULTURAL PROSPERITY
DO WE NEED

推动文化的繁荣是我们国家走向兴盛、中华民族走向复兴的重要内容。文化的繁荣是文化强国战略的目标要求，与激发文化创造活力、增强国家文化软实力、扩大中华文化国际影响力相辅相成。只有当文化繁荣程度达到世界一流水平时，我们才能真正成为世界一流强国；只有当文化繁荣程度达到国际一流水平时，我们的城市才能真正进入国际城市体系第一方阵，成为全球发展和进步的重要坐标。

我们需要文化的繁荣。但是，必须要追问一句，我们需要什么样的文化繁荣？

一般而言，文化繁荣当然是好事，表现了国家的综合国力，表现了全民的文明水平、文化程度，是国家强盛的表现，但我们也必须注意到，历史的经验告诉我们，有时候它又是一个民族衰亡的征兆。这是因为不同的文化繁荣背后是不同的文化类型，不同的文化内容，输出的是不同的文化能量。

本书就讨论了这种情况，论述文化繁荣背后的成因和我们所追求的繁荣中应该强调的几块基石。其中，对文化与城市兴衰的关系和古希腊、近代欧洲、美国、中国文化分别进行了讨论；以南宋时期的临安和古罗马为对象，揭示自我消弭性文化的主要特征；对创新型、智慧型、包容型、力量型文化进行系统的概念和理论分析；从文化自觉与文化自信、市民文化权利的实现、文化与科技的关系、文化与市场的关系、阅读与城市的关系等层面，分析创新型、智慧型、包容型、力量型文化的发展路径或关键要素，厘清创新型、智慧型、包容型、力量型文化建设中需要处理好的若干重要关系；辨析消费文化与消费主义之别；以深圳为样本，分析创新型、智慧型、包容型、力量型文化在深圳的生动实践；指出崇尚创新、智慧、包容和力量是中国文化的价值追求，中国文化发展正在迎来一个伟大的时代。

经过全党和全社会的提炼，才使得我们在本书的写作过程中终于形成了社会主义核心价值观的一种完整表述。社会主义核心价值观对于中华民族文化的当代定型，以及走向世界的整体呈现的意义极为重大，与文化的创新、智慧、包容和力量四个要素也有着不可分割的联系。这也是写这本书所要追寻的一种目标。

我们需要文化的繁荣。但是，必须要追问一句，我们需要什么样的文化繁荣？

1

文化与城市兴衰

CULTURE AND
THE VICISSITUDES OF CITIES

城市史学者研究指出，任何城市都有其生命周期，即经历兴起、发展、繁荣、衰退或再度繁荣的过程。从早期的美索不达米亚、印度、中国等地的政教性城市，到古典时期的雅典、罗马作为帝国中心的世界大都市，再到后古典时期伊斯兰世界的宗教性世界城市、中国的中央权力王城，到文艺复兴时期欧洲的威尼斯等商业城市，再到近代的伦敦、纽约等工业城市，以及今天的洛杉矶等后工业城市和亚洲东方城市的再度崛起。一部全球城市史就是一部不同地区、不同形态的城市交替兴衰的历史，一部不同城市不断经历其生命周期的历史。

那么，城市的生命周期是什么因素驱动的呢？

乔尔·科特金在《全球城市史》中谈到"成功的城市靠的是什么"这一命题时说：

> 早在发轫之初，城市区域就已扮演三种不同的重要功能：构建神圣的空间；提供基本的安全保障；拥有一个商业市场。城市或多或少地拥有这些功能。一般而言，城市在这三个方面只要有一个薄弱环节，都会损毁其生活，甚至最终导致其衰亡。[1]

其中的"神圣的空间"指的是长期支配着大型城市的景观轮廓和形象的宗教设施，更重要的是这些设施所宣示的那份神圣。那是一种文化的力量。也就是说，城市出现之初，文化在其中的意义就已经特别突出。这种意义持续至今。

> 在当今这个世俗化导向日见增长的时代，城市寻

乔尔·科特金：《全球城市史》——以神来之笔将我们带入一个似曾相识又别有意境的城市世界。

求通过高高耸立的商业建筑和有灵感的文化设施来重新产生神圣地点的感觉。此类做法激发了市民爱国主义或者敬畏的感觉。[2]

我们可以说，城市有两个基本属性：一个是物理属性，例如自然条件、建筑和道路等；一个是文化属性，包括人们对这个城市的情感、认同和归属感等。但是，即使是在城市发展的早期，文化也在很大程度上决定了城市的兴衰。地理大发现结束之后，全球市场开始形成，城市兴衰的生命周期更是越来越由其文化属性所规定。

对于文化在城市发展中的作用，刘易斯·芒福德的论述更为深刻。他认为：

刘易斯·芒福德:《城市文化》——以无法替代的学识深入论述城市生活的本质。

　　仅仅从城市的经济基础层面是没有办法去发现城市的本质的。因为，城市更主要是一种社会意义上的新事物。城市的标志物是它那目的性很鲜明的、无比丰富的社会构造。城市体现了自然环境人化以及人文遗产自然化的最大限度的可能性；城市赋予前者（自然环境）以人文形态，而又以永恒的、集体形态使得后者（人文遗产）物化或者外化。[3]

可见，文化是城市的灵魂。文化确立城市的人文形态，并在城市中实现物化或外化。从这个意义上来说，城市的文化与其发展是无法剥离的。社会学家罗伯特·以斯拉·帕克甚至认为："城市是一种心灵的状态，是一个独特风俗习惯、思想自由和情感丰富的实体。"[4]

也正是基于对文化在城市中的作用的肯定，简·雅各布斯指出："最终，一个伟大城市所依靠的是城市居民对他们的城市所产生的那份特殊的深深眷念，一份让这个地方有别于其他地方的独特感情。"[5]

那份"特殊的深深眷念"就是一个城市的文化。文化在城市发展史的不同阶段具有不同的内涵和表现形式，但文化对城市发展的关键作用始终存在。国内学者也注意到文化与城市兴衰之间的密切关系。如刘士林在《城市兴衰的文化阐释》一文中指出：

> 文化在城市化进程中的异化与丧失，不仅直接遮蔽了城市精神本质与意义，同时也使人是城市的目的沦为一句空话。这不仅是历史上的城市，也是当代城市面临的最大危机与最严峻的挑战。至此可得出一个具有普适性的原理，即，文化兴则城市兴，文化亡则城市亡。[6]

从终极意义上来说，"文化兴则城市兴，文化亡则城市亡"的论断具有一定的合理性，但需要明辨的是，我们并不能简单地宣扬文化与城市兴衰关系上的这"两个凡是"。

刘易斯·芒福德在《城市文化》一书中对中世纪城市如何被颠覆的分析，显示了文化与城市兴衰之间的复杂关系。一方面，"16 世纪以后，中世纪城市越来越像是一堆空壳儿"，"中

文化与城市的兴衰并不是必然地正相关，问题的关键在于，在一定的历史条件下，支撑城市发展的是什么类型的文化。

世纪城镇最具创造性的历史时代已经结束"，"其内部精神世界也发生着剧烈变化"，其原有形式"无法传达新内容"；[7] 另一方面，"当时，这个资本主义社会正在努力创造一种新的精神力量，包括经典物理学，正在创造一种新秩序让有新的献身精神的人类去皈依，同时也正在创造出官僚阶层和商业企业主，创造出一种等级化的价值体系。而这一切的基础，又是服从着物质世界为第一、物质商品为第一的原则"。[8]

在中世纪城市被颠覆的过程中，两种不同的文化力量发生着作用，一方面是中世纪文化的精神萎缩，另一方面是资本主义文化的兴起。中世纪城市在以激烈冲突形式出现的文化流动中走向衰落，文化却同时以复杂的形式，在文艺复兴的突变、巴洛克的主导和新古典主义的文化依存所构成的复杂变迁中，孕育着资本主义城市的新生与兴盛。

也就是说，文化与城市的兴衰并不是必然地正相关，问题的关键在于，在一定的历史条件下，支撑城市发展的是什么类型的文化，这种文化是否具有与经济、社会、技术良性互动和协调发展的能力。

刘易斯·芒福德在修正帕特里克·格迪斯理论后提出的城市发展六阶段理论，可以印证这一判断。

在第一阶段"原始都市"中，村落社会兴起，这一阶段"经济和文化能量"获得"巨大增长"，"文化和生活相联系但受到生活经验的偶然性的局限（禁忌）"，"缺乏和其他文化的

文化在城市发展史的不同阶段具有不同的内涵和表现形式，但文化对城市发展的关键作用始终存在。

彼此激励的相互作用",但村落"是城市的原型,它的保护、储藏和保持活力的方式是城市的本质核心","在赋予集体性的艺术以具体表现形式的同时,村落成了文化形式中最'超凡脱俗'的"。[9] 刘易斯·芒福德之所以说"村落一直是都市嫩芽破土而出的本质根源",其中关键的因素在于,文化与经济、生活、技术进步紧密相连,在原始都市中稚嫩却充满活力,为城市发展创造了无限空间。

在第二阶段"城邦"中,"以寺庙或教堂为标志的城市统一和共同的生活方式"已经形成,"文化更多地得以保存","美学和道德的文化普遍深入到社会的各个阶层,表达了一种有差异但仍然是同质的生活方式"。[10] 这一阶段,文化以"美学"和"道德"形式从正面影响着城邦阶段城市的生活方式,城市发展充满着正能量。

在第三阶段,"大都市"里"出现了文化的杂交,促进新的发明,促使改变原先的成规旧习","本能、想象和理性在伟大的哲学和艺术作品中结合在一起,最大限度地释放文化的能量";但是,"虚弱的迹象开始在表象之下显现","越来越难以把截然不同的文化元素吸收和整合起来","人们只盯着金钱,作为成功的象征"。[11] 这一阶段,文化总体上处在大规模的创新中,文化所释放的能量创造了"柏拉图笔下的雅典、但丁笔下的佛罗伦萨、莎士比亚笔下的伦敦、爱默生笔下的波士顿"。但文化与城市的兴盛已经处于城市发展上升曲线的最高点。

在第四阶段，衰落在"超大都市"中开始，"超大都市引入了一个文化激增的时代"，但"生产和分配工具的占有者让生活的任何其他方面都服从于金钱的成就和财富的展示"，"道德感越来越冷漠而文化需求也越来越无力"，"主要从金钱的角度出发，文化产品本身，艺术、文学、建筑和语言变得越来越标准化"，"机械复制品取代了原创艺术"，"知识和生活相脱离"，"城市从作为联合的工具、文化的避风港，变成了分崩离析的工具并日益对真正的文化构成威胁"。[12] 这一阶段，文化在总量上急剧增加，但取向上已经发生根本变化，城市与文化之间的相互促进关系开始瓦解，向下衰落的周期开始。刘易斯·芒福德视公元前 3 世纪的亚历山大城、公元 2 世纪的罗马、18 世纪的巴黎和 20 世纪初期的纽约为这个阶段的代表。

在第五阶段"暴虐城市"中，"寄生式的行为蔓延到经济的社会的方方面面，消费功能停止了所有高级的文化活动，没有任何文化的行为不和展示与费用有关"，"物质匮乏和文化退化"，"压制和政治审查"，"艺术和科学中不再有创造性的成果"。[13]

第六阶段则是"废墟城市"，"物质的城镇变得只剩个空壳"，正如巴比伦、尼尼微、罗马那样，"废墟城市，死亡之城，血肉之躯变成了灰烬，生命体变成了无意义的盐柱"。[14] "寄生"、"消费"、"不再有创造性"，直至"废墟"、"死亡"、"无意义"，是城市发展第五和第六阶段的特点和宿命，渗透其中的"文化"与前三个阶段的"文化""判若两人"。

　　刘易斯·芒福德的城市发展阶段论显然深受奥斯瓦德·斯宾格勒《西方的没落》和阿诺德·汤因比《历史研究》的影响，将城市发展的远程与文明或文化的兴衰联系在一起，并对大都市充满悲观情绪和敌意。刘易斯·芒福德并没有明确的文化兴衰决定城市兴衰的观点和结论，因为他同样强调城市在文化发展中的决定作用，在他那里，文化就是城市，城市就是文化。其城市发展六阶段论过于悲观，但其中的观察隐约并深刻地揭示着，文化的繁荣伴随的并不一定是城市的兴盛，文化的类型与城市的兴衰本质相关。

　　对于文化的类型，斯宾格勒在《西方的没落》中区分出埃及文化、巴比伦文化、印度文化、中国文化、古典文化、阿拉伯文化、西方文化和墨西哥文化等八大自成体系的文化形态。汤因比则在《历史研究》中将人类社会六千年文明史分为26个文明单位，即西方基督文明、拜占庭东正教文明、俄罗斯东正教文明、伊朗文明、阿拉伯文明、印度文明、中国文明、朝鲜与日本文明、希腊文明、叙利亚文明、古代印度文明、古代中国文明、米诺斯文明、苏美尔文明、赫梯文明、巴比伦文明、埃及文明、安第斯文明、墨西哥文明、于加丹文明、玛雅文明、波利尼西亚文明、因纽特文明、游牧文明、斯巴达文明和奥斯曼文明。本尼迪克特在《文化模式》中分别研究了普韦布洛、多布和美洲西北海岸的克瓦基特尔等三个不同的文化，并在《菊与刀》一书中对日本的文化类型进行了解读。此外，尼采在分析希腊悲剧时所使用的一组对立性概念——阿波罗型（日神型）和狄奥尼索斯型（酒神型）实质上也是对文化类型的一种诠释。梁漱溟在《东西文化及其哲学》中则提出西方文化、中国文化和印度文化三种文化，并认为各个文化系统之间不存在共同的模式，而是各走各的路，互不相干。

对文化类型的这些经典的划分，每一种都是对人类文明史的独到解读。但我们更关注在文化加速流动的当代，哪种类型的文化可以确保城市充满活力和可持续发展。这需要我们调整视角，对城市文化的类型做出深入反思和创新观察。

城市发展六阶段论过于悲观，但其中的观察隐约并深刻地揭示着，文化的繁荣伴随的并不一定是城市的兴盛，文化的类型与城市的兴衰本质相关。

注释

[1]〔美〕乔尔·科特金:《全球城市史》，王旭等译，社会科学文献出版社，2010，第13页。

[2]〔美〕乔尔·科特金:《全球城市史》，王旭等译，社会科学文献出版社，2010，第18页。

[3]〔美〕刘易斯·芒福德:《城市文化》，宋俊岭、李翔宁、周鸣浩译，郑时龄校，中国建筑工业出版社，2009，第5页。

[4]转引自〔美〕乔尔·科特金《全球城市史》，王旭等译，社会科学文献出版社，2010，第243页。

[5]转引自〔美〕乔尔·科特金:《全球城市史》，王旭等译，社会科学文献出版社，2010，第242～243页。

[6]刘士林:《城市兴衰的文化阐释》，《学术界》2010年第2期。

[7]〔美〕刘易斯·芒福德:《城市文化》，宋俊岭、李翔宁、周鸣浩译，郑时龄校，中国建筑工业出版社，2009，第73页。

[8]〔美〕刘易斯·芒福德:《城市文化》，宋俊岭、李翔宁、周鸣浩译，郑时龄校，中国建筑工业出版社，2009，第80页。

[9]〔美〕刘易斯·芒福德:《城市文化》，宋俊岭、李翔宁、周鸣浩译，郑时龄校，中国建筑工业出版社，2009，第 325 页。

[10]〔美〕刘易斯·芒福德:《城市文化》，宋俊岭、李翔宁、周鸣浩译，郑时龄校，中国建筑工业出版社，2009，第 326 页。

[11]〔美〕刘易斯·芒福德:《城市文化》，宋俊岭、李翔宁、周鸣浩译，郑时龄校，中国建筑工业出版社，2009，第 326 ~ 238 页。

[12]〔美〕刘易斯·芒福德:《城市文化》，宋俊岭、李翔宁、周鸣浩译，郑时龄校，中国建筑工业出版社，2009，第 328 ~ 229 页。

[13]〔美〕刘易斯·芒福德:《城市文化》，宋俊岭、李翔宁、周鸣浩译，郑时龄校，中国建筑工业出版社，2009，第 329 ~ 230 页。

[14]〔美〕刘易斯·芒福德:《城市文化》，宋俊岭、李翔宁、周鸣浩译，郑时龄校，中国建筑工业出版社，2009，第 230 ~ 231 页。

2

古希腊的典范

————————

THE MODEL
OF ANCIENT GREECE

著名人文主义史学家雅各布·布克哈特在他的《希腊人和希腊文明》一书中提出，在对不同的文明做出评价时，我们现在趋向于从"发展"和"发明"的意义上去考虑问题。如果用这种方式来评价的话，希腊人是十分糟糕的……"希腊人没有留下一项值得一提的有用的发明创造"。那么，是什么让希腊文明成为欧洲文明的源头，成为欧洲思想家和文学家们魂牵梦绕的"用心灵寻找希腊人的土地"？那是因为古希腊人创造了一种单纯、完美与和谐的文化典范，它代表了一种"高贵的单纯，静穆的伟大"的文化类型。

理性给了古希腊人追求智慧的勇气和方法。

所谓希腊文化，主要是指公元前五至公元前四世纪希腊古典时代的雅典文化，亦即希腊古典文化。[1]古代希腊并不是一个统一的国家，而是由 200 多个城邦国家组成，他们有着共同的语言、宗教信仰和相同的生活方式。众多的城邦国家中，以雅典和斯巴达最为强大、最负盛名，特别是雅典，诞生了影响欧洲和整个世界文明的灿烂文化。希腊文化的繁荣始于希腊城邦形成，特别是民主政治形成之后，止于马其顿亚历山大霸权的建立。

希腊文化集创新、智慧、包容、力量于一身，直到今天，它"还继续给我们以艺术的享受，而且在某些方面还作为一种标本和不可企及的规范。"[2]著名学者罗素也曾经说过，希腊文化、基督教和工业文明是西方文明的三大支柱。

首先，古希腊为人类贡献了理性，是智慧型文化的代表。希腊诞生以前，人类的精神力量被无限放大，人们在此世中看不到任何获得幸福的希望，只能试图在彼世中寻求慰藉。而"希腊的标志——理性，是在一个以精神主导的世界中诞生的一股新的力量。"[3] 在这股新的力量引导下，古希腊人开始了对世界全新的探索，人们对宗教不再迷信和盲从。赫西俄德说："诸神和人类有同一个起源。"[4] 依迪丝·汉密尔顿在《希腊精神》中谈道：

> 希腊人把庄严的宗教信念和那些与自己休戚相关的利益放在完全不同的位置上。他们从不去向祭司寻求指导和忠告。如果他们想知道如何教育他们的孩子，或者他们想知道"真理"是什么，他们会去问苏格拉底，或者去问杰出的智术师普罗塔哥拉，或者去问某位饱学的语法学家。[5]

古希腊人不希望任何人代替他们去思考，从米利都学派的泰勒斯——一位更像是科学家的哲学家开始，人们不再满足于宗教对世界的解释，开始了对自然的探索，对世界本原的追溯。水、火、气、原子、数等，无论是具象还是抽象的本原，在古希腊人眼中都是那么的神奇，透过理性思维，他们一层层揭开自然界神秘的面纱。

理性给了古希腊人追求智慧的勇气和方法。他们将语法、修辞、逻辑、数学、几何、音乐、天文作为古代七种自由艺术。事实上，在古希腊人那里，一切都可以成为艺术。古希腊人不会专属于一门学科或技术，甚至他们毫无恶意地认为只有奴隶才需要一门专门的技术，雅典公民应当是通晓所有的。古

依迪丝·汉密尔顿：《希腊精神》——对希腊奇迹带有浓烈主观色彩的出色解读。

古希腊人创造了一种单纯、完美与和谐的文化典范，它代表了一种"高贵的单纯，静穆的伟大"的文化类型。

希腊没有与现实生活脱离的艺术阶层、文学阶层、学者阶层。他们的诗歌、他们的雕塑、他们的哲学都是出自他们的战士、他们的水手、他们的政治家、他们的日常事务处理者之手。[6]例如，流传至今的《伯罗奔尼撒战争史》的作者——古希腊历史学家修昔底德，不仅是一位史学家，更是一位历史的参与者，他亲历伯罗奔尼撒战争并担任雅典一方的将军，因他人之过被流放后写下这部史学巨著，提出了著名的"修昔底德陷阱"[7]。

在古代希腊，艺术家同时也是哲学家，他们对生活的思考极具哲理，正因为如此，文学艺术并没有落后于哲学，而是与哲学齐头并进，成为知识界的先锋。

伯里克利曾非常自信地说："总而言之，我觉得雅典可以说是希腊人的学校，每一个雅典人都具备适应许多种不同工作的能力，而且能够做到多才多艺、优美典雅。"[8]多才多艺、优美典雅，这样的词语用来形容雅典人的生活是再合适不过了。

> 当我们工作完毕的时候，我们可以享受各种娱乐，以提高我们的情趣。整个一年之中，有各种定期的赛会和祭祀；在我们的家庭中，我们有华丽而风雅的设备，每天怡娱心目，使我们忘记了我们的忧虑。……我们爱好美丽，但是没有因此而变得奢侈；我们爱好智慧，但是没有因此而变得柔弱。我们把财富当作可以适当利用的东西，而没有把它当作可以夸耀自己的本钱。至于贫穷，谁也不必以承认自己的贫穷为耻，真正的耻辱是为避免贫穷而不择手段。[9]

希腊文化全面而深刻地反映了古代希腊社会不同历史时期的生产力与生产关系，经济基础与上层建筑的矛盾运动。例如,《荷马史诗》既是一部文学作品,也是一部史学巨作,它揭示了公元前 11 至公元前 9 世纪古希腊社会发展的情况,从而构成了以史诗为标志的一个古希腊历史发展阶段,即"荷马时代"。史诗不仅有着优美的语言,更有着震撼人心的力度、深刻隽永的哲理,更可贵的是从所刻画的一系列的人物中闪烁着人文主义精神。史诗肯定了人的尊严、力量和价值,肯定了人生活、斗争和活动的积极意义,肯定人的自由、平等的关系和奋斗精神。史诗的内容还成了以后众多作家、艺术家创作的源泉。

在古代希腊,艺术家同时也是哲学家,他们对生活的思考极具哲理,正因为如此,文学艺术并没有落后于哲学,而是与哲学齐头并进,成为知识界的先锋。

古希腊的"黄金时代"里,文学作品如雨后春笋般不断涌现,当然这也得益于伯里克利时期民主政治对文学艺术的包容与支持。例如,喜剧讽刺当时掌握最高权力、享有崇高威信的雅典民主政府领导人伯里克利,把伯里克利描绘成一个长了山羊脚的怪物,斥责他(在伯罗奔尼撒战争初期实行的坚壁清野政策)是一个胆怯的懦夫。对继伯里克利执掌雅典大权的激进民主党领袖、野心家克里昂,史学家修昔底德斥之为"雅典公民中的最厚颜无耻者";喜剧大师阿里斯托芬在《巴比伦人》《骑士》等剧中,斥之为"大坏蛋""小偷""贪得无厌的流氓"。[10]

喜剧这一艺术形式最能充分表达出古希腊艺术家们理性的

一面。著名喜剧家阿里斯托芬的剧中几乎包括了当时古希腊人所有的生活场景：政治形势和政治人物、主战派和反战派、自由贸易、财政改革、纳税人的不满、教育理论与方法、宗教信仰，等等。可以说，他的喜剧触及了当时一切重大的政治问题和社会问题，反映了雅典民主政治危机时期的思想意识，他以轻松的方式把那些假象所遮蔽着的真实本质揭露出来，而所有这一切又都成为他嘲弄的对象。正如伏尔泰所说："真正的喜剧，是一个国家的愚蠢和弱点的生动写照。"[11]

在古希腊，哲学就是"爱智慧"，这是一种理性的爱，深沉的爱，持久的爱，代表了人类对真理的不懈追求。

　　古希腊人的理性还表现在他们如何看待被后人奉若神明的民主制度。柏拉图的最高理想是，哲学家应为政治家，政治家应为哲学家。柏拉图生于雅典城邦国家衰落的时期，那时瘟疫流行，伯里克利不幸染疾去世，又恰逢伯罗奔尼撒战争爆发，一时间雅典危机四伏。他亲历了寡头政治、民主政体，以及过度自由后的无政府状态，原本想投身政治的柏拉图目睹了他心目中最正直的人——亦师亦友的苏格拉底被东山再起的民主政权以渎神之罪处以极刑后，对政治失去了信心。之后，他极力推崇真正的哲学，提出使哲学家获得政权，成为政治家，或者政治家奇迹般地成为哲学家，否则人类灾祸问题无法避免。他认为，正如对财富疯狂的追求毁了寡头政体一般，自由的滥用也毁了民主政体。

　　苏格拉底：在这种情况之下就产生无政府状态，连每一户住家也都受到波及，最后连各种动物都不能幸免……当父亲的已习惯于和儿子处同一地位……儿子既不敬畏双亲，也无羞耻之心……校长怕学生，阿谀学生，学生轻视校长和教师……老少不分，年轻人与老年人平等，并且随时都可能和老年人为一句话、为一件事争胜。老年人……模仿年轻人。我也不该忘记谈到男女之间的自由平等……真的，连马驴都开始以享有自由人的权利和尊严的姿态昂首阔步……一切都可能随自由毁灭……

阿黛门托斯：那么结果呢？……

苏格拉底：物极必反……自由过分，不管对国家或个人而言，都只有变成奴役……最令人讨厌不过的暴君，也都是由于极端自由所产生。[12]

威尔·杜兰特:《世界文明史希腊的生活》——一册把无羁的热情和横溢的才华完美结合在一起的文化史的不朽巨著。

民主是个好东西，但任何事物都不是绝对的。雅典的城邦民主留下了彪炳史册的辉煌，但同样制造了苏格拉底之死的悲剧。柏拉图借苏格拉底之口告诉我们，应当理性地看待民主制度，才能使民主得以长久，否则将会产生"多数人的暴政"。

理性的最高表现形式是哲学。在古希腊，哲学就是"爱智慧"，这是一种理性的爱、深沉的爱、持久的爱，代表了人类对真理的不懈追求。古希腊人说："所有的事物都要被怀疑、被验证，思想没有界限。"[13]

在雅典这所"全希腊的学校"里，自由宽松的氛围培育了一大批爱智慧的人，其中苏格拉底、柏拉图、亚里士多德三位具有师承关系的哲学家几乎奠定了整个西方文化的基石，他们

他认为，正如对财富疯狂的追求毁了寡头政体一般，自由的滥用也毁了民主政体。

的思想代表了人类理性的高度。

苏格拉底终其一生都在思考什么是诚敬，什么是不诚敬；什么是公正，什么是不公正；什么是明达，什么是不明达；什么是勇敢，什么是怯懦；统治人民的政府之本质如何，一个善于治理人民的政府之特性又如何。苏格拉底是西方哲学史上的分水岭，他的主要贡献是使哲学从自然向人的转变。他说："我的朋友不是城外的树木，而是城内的居民。"此后，哲学不再仅仅关注世界的本原问题，而更多地关注人类社会自身的伦理道德问题。

苏格拉底追求智慧与美德，他像牛虻一样侵扰雅典人，不让他们安睡，不让他们在道德和社会的现成答案上休息，他不断地要求人们进行自我反省，他希望人们保持警醒的状态，由此治愈雅典的疾病。苏格拉底因此被称为"希腊人的牛虻"。他问：

> 朋友，你是伟大、强盛、以智慧著称的城邦雅典的公民，像你这样只图名利，不关心智慧和真理，不求改善自己的灵魂，难道不觉得羞耻吗？[14]

希腊文化也是典型意义上的力量型文化，它强调的是正义、勇敢的价值品性。那个时代的伟人们都有求真求善求美的共同特点，他们敢作敢为，敢于为了捍卫真理而献身。也正是因为有一批苏格拉底式的人物，希腊才得以永恒，雅典才成为最理想的城邦。这样的城邦是雅典人所热爱的，他们视城邦为自己的生命，甘愿为它英勇而战、慷慨赴死。正如雅典民主派首领伯里克利在阵亡将士国葬典礼上的演说中所言：

> 因为他们只要想到丧失了这个城邦，就不寒而栗。很自然地，我们生于他们之后的人，每个人都应当忍受一切痛苦，为它服务。[15]

希腊文化还是创新型文化的典范，它是在继承古老的爱琴文化、原始的希腊文化和吸收借鉴古代东方文化的基础上，不断加以创新最终形成的。古老的东方文化是希腊文化的源头之一，黑格尔曾说："东方世界是希腊世界的基础。"[16]在那个时期，古希腊文明远落后于古代东方文明。早在古希腊兴起之前的两三千年，古代埃及、巴比伦、波斯、印度和西亚其他古国就已经在文化方面取得了丰硕成果。

古希腊三面环海的地理位置使其与古代东方各国的经济文化交流非常便利。早在米诺斯文明和迈锡尼文明时期，爱琴海诸岛与埃及以及其他近东各地就有了密切的贸易往来。作为海洋民族，古希腊人有着商业天赋，他们勇敢活跃、求知好学、敢于创新。

城邦形成以后，到东方旅游成为一时的社会风气，不少的政治家、文人、学者、商人、艺工以至一般平民都极好漫游东方，因而深受东方文化的熏陶。当时众多著名人物，如荷马、泰勒斯、德谟克利特、希罗多德、毕达哥拉斯、柏拉图、梭伦等都曾在埃及学习游历过，深受东方文化的影响。法国学者罗

希腊文化也是典型意义上的力量型文化，它强调的是正义、勇敢的价值品性。

班在论及希腊文化的起源时说：

> 希腊最早的学者所能从东方得到的，是由很古老的经验积聚起来的许多材料……如果没有这些，希腊的文化和科学或者不能建立，而在这意义之下，我们也就不能说希腊的奇迹了。[17]

科学史家萨顿也曾说过：

> 希腊科学的基础完全是东方的，不论希腊的天才多么深刻，没有这些基础，它并不一定能够创立任何与其实际成就相比的东西。……我们没有权利无视希腊天才的埃及父亲和美索不达米亚母亲。[18]

希腊文化是海洋文化，有着开放、包容、创新的特质，这一点在雅典体现得淋漓尽致。对外开放是雅典民主政治的一个重要标志，伯里克利曾说："我们的城市，对全世界的人都是开放的。"通过政治、经济和文化等的沟通，雅典人走出了自己的城邦，走向一个更为广阔的天地，避免了孤陋寡闻和狭隘自大，非常有利于对外界先进文化的吸收。正像伯里克利在他的演说中讲到的那样：

> 我们的城市这样伟大，它使全世界各地一切好的东西都充分地带给我们，使我们享受外国的东西，正好像是我们本地的出产品一样。[19]

古希腊人极具创新能力，在广泛汲取东方文化营养的基础

令人骄傲的是，他们拥有极为丰饶的精神产品，时常使我们感受到古希腊的伟大。

之上产生了灿烂的希腊文化。古希腊是一个奇迹，它创造了一切，却也没有创造一切。如果用今天的标准来衡量古希腊，那么古希腊人是糟糕的，"希腊人没有留下一项值得一提的有用的发明创造"。从物质上看，希腊是贫穷的，曾有句老话，"希腊与贫穷是一对孪生子。"即便在最繁荣的"黄金时代"，希腊城邦也没有十分丰富的物质产品。但令人骄傲的是，他们拥有极为丰饶的精神产品，时常使我们感受到古希腊的伟大，以至美国最著名的通俗哲学史家、历史学家威尔·杜兰特在《世界文明史希腊的生活》中谈道：

> 在我们的文化中，除机械以外，几乎没有一样现世的事物不是自希腊流传下来的。学校、体育馆、算数、几何、历史、修辞学、物理学、生物学、解剖学、卫生学、医疗术、化妆术、诗词、音乐、悲剧、喜剧、哲学、神学、不可知论、怀疑论、斯多噶学派、伊壁鸠鲁学派、伦理学、政治学、理想主义、慈善事业、犬儒学派、专制政体、富豪政治、民主政治，凡此各种，皆经由希腊文字的记载，得以成形，这一切极少是希腊人自己发明的，但他们充沛的活力却首先使这些文化或好或坏地趋于成熟。[20]

从这个意义上讲，古希腊给了我们一切。

古希腊是完美的，是理想文化的典范。古希腊又不是完美的，诸多缺点最终使古希腊走向衰落。但是，至今为止，希腊文明仍是人们所向往的文化类型，究竟是何种魅力使希腊文明

对外开放是雅典民主政治的一个重要标志，伯里克利曾说："我们的城市，对全世界的人都是开放的。"

永生？正如威尔·杜兰特所言：

> 希腊文明仍然活着，它走进我们心智方面的每一次呼吸中。希腊遗产太多，我们之中没有任何人能终其一生去完全吸收。我们知道希腊的弱点——其疯狂而无情的战争、其呆滞的奴隶制度、其从属的妇女地位、其普遍缺乏的道德节制、其腐败的个人主义、其未能与秩序及和平相配合的自由。但珍爱自由、理性及美的人，不会太关心这些弱点。他们会在政治历史的混乱之外，听到梭伦、苏格拉底、柏拉图、欧里庇得斯、菲迪亚斯、普拉克希特列斯、伊壁鸠鲁及阿基米德的呼声。他们会为这些人的存在而心怀感激，愿越过许多世纪去与他们神交。他们会将希腊视为西方文明中晴朗的早晨，此种文明虽有其同类的错误，却是我们的营养及生命。[21]

希腊文化代表了古代奴隶制时代所能达到的最高文化发展水平。正如恩格斯在《自然辩证法》导言中指出的那样：

> 拜占庭灭亡时抢救出来的手抄本，罗马废墟中发掘出来的古代雕像，在惊讶的西方面前展示了一个新世界——希腊的古代；在它的光辉的形象面前，中世纪的幽灵消逝了；意大利出现了前所未见的艺术繁荣，这种艺术繁荣好像是古典古代的反照，以后就再也不曾达到了。[22]

古希腊是人类的文化高地，浸润其中的创新、智慧、包容与力量已经形成优秀的文化基因，文化的枯荣之间总会浮现古希腊的身影。

　　古希腊是人类的文化高地，浸润其中的创新、智慧、包容与力量已经形成优秀的文化基因，文化的枯荣之间总会浮现古希腊的身影。我们今天追求新的文化繁荣之时，也无法不回溯到古希腊的源头，以求入"返本开新"之境。

注释

［1］胡长林：《希腊文化之源及其在欧洲的传播》，《西南师范大学学报（哲学社会科学版）》1995年第3期。

［2］《马克思、恩格斯、列宁、斯大林论文艺》，人民出版社，1953，第65页。

［3］〔美〕依迪丝·汉密尔顿：《希腊精神》，葛海滨译，华夏出版社，2012，第8页。

［4］〔古希腊〕赫西俄德：《工作与时日神谱》，张竹明、蒋平译，商务印书馆，1995，第4页。

［5］〔美〕依迪丝·汉密尔顿：《希腊精神》，葛海滨译，华夏出版社，2012，第21页。

［6］〔美〕依迪丝·汉密尔顿：《希腊精神》，葛海滨译，华夏出版社，2012，第94页。

［7］"修昔底德陷阱"：指一个新崛起的大国必然要挑战现存大国，而现存大国也必然来回应这种威胁，这样战争变得不可避免。这一概念来自修昔底德的名言"使战争不可避免的真正原因是雅典势力的增长和因而引起斯巴达的恐惧"。

［8］〔美〕依迪丝·汉密尔顿：《希腊精神》，葛海滨译，华夏出版社，2012，第94页。

［9］〔古希腊〕伯里克利：《阵亡将士国葬典礼上伯里克利的演说》，选自〔古希腊〕修昔底德《伯罗奔尼撒战争史》，谢德风译，商务印书馆，

1985，第 130 ~ 132 页。

［10］张树卿：《论古希腊的文化特点》，《东疆学刊（哲学社会科学版）》1994 年第 1 期。

［11］参见吴晓群《希腊思想与文化》，上海社会科学院出版社，2012，第 249 页。

［12］〔美〕威尔·杜兰特：《世界文明史希腊的生活》，台湾幼狮文化译，华夏出版社，2010，第 504 页。

［13］〔美〕依迪丝·汉密尔顿：《希腊精神》，葛海滨译，华夏出版社，2012，第 19 页。

［14］〔古希腊〕柏拉图：《苏格拉底的申辩》，北京大学哲学系外国哲学史教研室编译《西方哲学原著选读》（上卷），商务印书馆，1981，第 68 页。

［15］〔古希腊〕修昔底德：《伯罗奔尼撒战争史》，谢德风译，商务印书馆，1985，第 133 页。

［16］〔德〕黑格尔：《历史哲学》，上海书店出版社，1999，第 232 页。

［17］〔法〕罗班：《希腊思想和科学精神的起源》，转引自胡长林《希腊文化之源及其在欧洲的传播》，《西南师范大学学报（哲学社会科学版）》1995 年第 3 期。

［18］裔昭印主编《世界文化史》，华东师范大学出版社，2000，第 91 页。

［19］〔古希腊〕修昔底德：《伯罗奔尼撒战争史》，谢德风译，商务印书馆，1985，第 131 页。

［20］〔美〕威尔·杜兰特：《世界文明史希腊的生活》，台湾幼狮文化译，华夏出版社，2010，第 2 页。

［21］〔美〕威尔·杜兰特：《世界文明史希腊的生活》，台湾幼狮文化译，华夏出版社，2010，第 652 ~ 653 页。

［22］〔德〕弗·恩格斯：《自然辩证法》，《马克思恩格斯选集》第 3 卷，人民出版社，2012，第 444 ~ 445 页。

3

近代欧洲的启示

INSPIRATION
OF MODERN EUROPE

艾伦·麦克法兰:《现代世界的诞生》——作者四十年潜心欧、美、亚、澳等文明间比较研究、索解现代世界起源的最新创获。

在人类社会进入现代以来，不管是西方中心论者还是反西方中心论者，也不管两者之间辩护或驳斥的理据如何复杂微妙，其实都离不开"欧洲"，或确切说是指西欧，这一特定的时空范畴及其与其他区域之间的历史张力关系。

不管是真实的存在，还是"叙述"的产物，历史似乎都已无法改变：欧洲（西欧）是人类最早进入现代的场域，或者说，它是"现代性"最早诞生的地方。这样说不仅基于近代以来西欧凭借民族国家的兴起及其国家能力（如经济、技术和军事能力）的强盛，以及将其现代生产、生活及交往方式强力向世界推广的事实，也基于其代表的西方文化历经千百年的自我论证及对外扩张的历史。

虽然其历史—文化逻辑所隐含的西方中心主义色彩值得警惕，但事实上，就现代物质、文化成果而言，假如从当下反推历史，我们就能理解英国著名学者艾伦·麦克法兰在《现代世界的诞生》中所流露出来的作为英格兰人的自豪感：

> 曾经有一度，全世界海量发明中的大多数是以一个小小岛国为漏斗而流传下来的，然后又通过它的帝国，尤其是通过北美，传播到了全球各地。[1]

比如在英格兰的"出口产品"中，他认为较重要的就有工业革命、农业革命、民主政治范式、英格兰法律的多项原则、现代科学的多个侧面、包括铁路在内的多项技术、游戏和运动、教育制度或文学，特别是语言，作为英格兰人"最伟大的传世遗产",英语是技术、科学、旅行、国际政治的媒介,全世界四分之三的邮件是用英文写的,五分之四的计算机数据是用英语储存的,三分之二的科学家使用英语。[2]

对于中国来说,明确及承认上述事实,或许是个不太容易的过程,但对自身发展却不无裨益。1840 年以来,中华帝国与西方列强的历史性相遇,虽然导致了中华民族长达百年的苦难与屈辱,但也自此开始了从"中华帝国"向"现代民族国家"的艰难转型。这种转型是全面而深刻的,从技术器物、制度规范到心灵世界无不如此。这一至今依然未完成的过程既充满了抗拒与斗争,也充斥着妥协与接轨;既经历了种种失败的痛苦,也蕴含着各种成功的希望。在这点上,假如说 1949 年新中国(民族国家)的成立是抵抗西方的产物也是接纳西方的结果,那么 1978 年的改革开放尤其是 20 世纪 90 年代以来主动接轨西方主导的"全球化",则是中国全面拥抱现代世界的标志。作为"全球化"的最大受益者之一,中国近三十多年来改革开放所取得的迅猛发展,既铸就了我国成为世界第二大经济体的强大地位,也为中华民族的伟大复兴奠定了坚实的基础。

就此而言,我们今日重新审视作为"现代性"起源地的欧洲,重新梳理其历史进程及其积淀的历史经验,对于我国经济、政治、社会和文化的未来发展,无疑是极有助益的。

单就文化而言,特别是从本书所关注的创新型、智慧型、

欧洲(西欧)是人类最早进入现代的场域,或者说,它是"现代性"最早诞生的地方。

包容型、力量型文化范畴出发，我们从近代以来的欧洲获取的启示也是极其丰富的。

这里，我们不得不再次提到古希腊。众所周知，西方文化的源头是古希腊文化，在宗教渊源上则与东方文化（如巴勒斯坦地区的犹太教、基督教文化）存在内在的关联。在人类的"轴心时代"，古希腊文化所代表的西方文明与中华儒家文化所代表的东方文明在主旨上迥异其趣。我国香港地区学者陈方正先生就此指出：

> 希腊哲学从一开始就与科学相近：它致力探究大自然奥秘而忽略人事，喜好抽象理论而忽视实用技术，其所反映的，是"重智"精神；这与中国讲究人伦、社会、实用的"重德"精神，分别代表了两种完全不同的文化倾向。[3]

对于西方的"重智"精神，还有学者如此描述：西方一切学说之母胎始于哲学，而对哲学的定义就是爱智慧的学问；亚里士多德逻辑，欧几里得几何，乃为重智之产物；阿基米德科学试验是西方重智的表现，也是西方近代科学之滥觞；西方重智，故有近代科学之发达，物质世界之开发，现代化社会之建立。从英国的经验主义到美国的实用主义，从路德的宗教改革到韦伯的新教资本主义伦理，到穆勒的利己主义都浸透着一种理智精神；西方哲学对人类精神的讨论，也多以理智为结论，如古希腊有为理性而自己戳瞎眼睛的哲人，近代哲学更以认识论为中心，哲人的著作也常以《人类理智论》《人类理智论新

欧洲重智传统具有两条并行不悖的主线：一是对自然奥妙的探究，二是对社会秩序及其运行规律的寻求。

论》《人类理解研究》等为书名。[4]

可以说，重智与重德（情）的分野，既是两千年后东西方发展道路"大分流"的内在根源，也最终解释了现代科学为何只出现在西方的根本原因，而"中国有辉煌的古代科技却没有发展出现代科学"的所谓"李约瑟难题"其实是个伪命题。[5]

来自欧洲的这一传统给予我们的启示良多。在某种意义上，欧洲重智传统具有两条并行不悖的主线：一是对自然奥妙的探究，二是对社会秩序及其运行规律的寻求。前者以古希腊的自然哲学、毕达哥拉斯教派及柏拉图哲学为源头，发展出以严谨论证的数理为根基的自然科学传统，最终催生了西方现代科学的诞生；后者则以苏格拉底、亚里士多德的政治学、逻辑学为代表，最终形成了西方的社会科学传统，成为现代人文社会科学的先声。

作为曾经中断而又绵绵不绝的传统，西方人对于理智的沉思放在今天看也是让人惊叹不已的。在这方面，假如说古希腊的伊壁鸠鲁、毕达哥拉斯、芝诺、苏格拉底、柏拉图、亚里士多德等一长串名单所标示的是西方思想群落的个人影像，那么毕达哥拉斯教派、柏拉图学园、亚历山大学宫等社会团体长达数百年的历史存在，则昭示着西方重智传统广泛的社会基础。尽管古希腊的这一传统在罗马帝国宰制了地中海世界、以信仰为特征的基督教捕获了民众心灵后，出现了衰落和中断，但经由"希腊化"特别是伊斯兰世界的大规模翻译活动而得到了续

约翰·洛克:《人类理解论》——经验主义之父对我们如何获取知识的开创性解释。

一种重智的文化必然也是一种创新型文化，一种具有强大创造力的文化。

存，之后经过欧洲 12 世纪的转译运动及大学的兴起而形成了西方的"12 世纪文化复兴"。而在中世纪的"黑暗时代"，欧洲全面基督教化后形成的修道院系统，作为实力强大的宗教团体，其遍布欧洲的庞大"宗教－学术－社会"网络，也是修士从事阅读、编撰、研究工作的欧洲学术文化中心，加上 10 ～ 11 世纪建立起来的以城市教堂为依托的"座堂学校"，它们对于欧洲文化的传承与复兴无疑起了极其重要的作用。

对于欧洲的重智精神而言，假如没有涉及其大学系统，肯定是不完整的。正如陈方正先生所言："大学是欧洲近现代学术的摇篮，也曾经一度是科学成长的温床，而且，从 13 世纪中古科学兴起以迄 17 世纪科学革命，科学家除了极少数例外都是在大学培养出来的，更有相当部分在大学工作；至于神学、医学、法学也莫不是在大学中发展其专业和训练人才。因此，倘若没有大学，那么不但现代科学的出现难以想象，整个欧洲的文化面貌也将迥异。"在他看来，欧洲大学的出现，并非人为主动设计推动的产物，而是在特殊社会环境下（如当时的教皇革命和翻译运动）自然形成的事物，同时其发展是与教会、国王、市民等外部力量进行抗争或妥协的结果。从类型上看，欧洲大学有两种不同原型：一是由专科学院蜕变而成，如博洛尼亚学院变为博洛尼亚大学，其特色是学生垄断一切权力，是为"学生大学"；另一种则从教堂学校蜕变而成，如巴黎大学脱胎于巴黎圣母院教堂学校，其特色是教授掌握大部分权力，可称为"教授大学"（由于其文科特别发达，又称"综合大学"）。欧洲大学具有三个特征：一是对应于社会、文化中某种深层和强大需求而出现的，如博洛尼亚大学培养了大量律师、官吏和行政人才，巴黎大学则主要培养教士、神学家、学者等具有独立思辨能力的人才；二是获得了相对于国家、教会、社会的自主性和独立性；三是它的体制是可移植和模仿的。[6]

正是欧洲大学体制的这种普遍性和可复制性，使它随后在欧洲的西南（西班牙、法国中南部）和东北（德国与东欧）两个方向扩散开来。除了法国和意大利，英国出现了牛津大学和剑桥大学，德国出现了海德堡大学，东欧出现了布拉格大学和维也纳大学，到 1500 年欧洲已有 62 所大学。可以说，欧洲大学的出现和发展，既秉承了古希腊的重智传统，也培养了大量的人才，继而发展成以传授、发展知识为主的多学科学术中心，为后来欧洲文明的崛起和统领全球提供了文化温床。

一种重智的文化必然也是一种创新型文化，一种具有强大创造力的文化。如同中华文明一样，古希腊文明也是一种早熟的文明：早在 2500 年前，古希腊就发展出光辉璀璨的文学、史学、哲学、宗教、体育、艺术、科学、技术和发明，而在罗马帝国时代又发展出惊人的工程技术与实用科学，以至千百年后的欧洲在此基础上不断推陈出新，不仅恢复了古希腊、古罗马的历史荣光，而且开拓出一种全新的现代文明形态，引领了人类跨越式发展的前进步伐，将人类文明推到一个新的高峰。

　　说到欧洲的创新文化，不能不提及 14、15 世纪的文艺复兴运动。与 12 世纪以古希腊学术（科学与哲学）为焦点的欧洲文化复兴相比，14、15 世纪的文艺复兴运动主要在于崇扬人文精神即古代文学与艺术，而作为欧洲从中世纪向近现代转变的关键节点，文艺复兴运动在继承传统的同时所包含的创新与超越，是有目共睹的。

　　一方面，文艺复兴运动"复活"了西方古代文学艺术中的人文精神，简而言之就是"对人的重新发现"，或者更准确地说，是对"人"本身的高度信心和对人的潜力的重新挖掘。当时所谓的"理性"概念，正是基于此而流行起来并直接驱动了现代科学的发展和突破的：哥白尼的《天体运行论》、维萨里的《论人体结构》、施蒂费尔的《算术全书》、卡尔丹诺的《大法》的出版，不仅从根本上改变了欧洲天文学、医学和代数学的面貌，而且正式拉开了现代科学革命的历史大幕。

　　另一方面，在欧洲当时的文化语境下，"对人的重新发现"必然要求重新调整人与教会、国王等宗教及世俗政权力量的关系。对于罗马教会而言，英格兰的神学家和王室近臣布拉沃丁早在 1344 年出版的巨著《神因论》中，就秉持"前定说"而否定"自由意志论"，着重个人与上帝的直接关系而贬抑教会功能，带有强烈的新教色彩，成为后来宗教改革的先声。而 16 世纪马丁·路德等人发动的宗教改革，则标志着基督教世界的第二次分裂（第一次是东西罗马帝国的分裂，即天主教和东正教的分裂），其结果是在西北欧的天主教内部，再次分裂为旧教（天主教）与新教两部分，前一部分信奉罗马公教，保持拉丁语作为宗教和文化语言，后一部分则形成各种新教派，并把《圣经》翻译成各君主国语言。1555 年，在宗教改革中签订的《奥格斯堡宗教和约》承认基督教新教路德派在德国的合法地位，确立它和天主教共存于德意志的永久法律根据。这不仅是国家主权第一次以法律形式使教会屈服于自己，而且也导致了教会对个人控制的松弛。其中韦伯所说的新教伦理，不仅极大地释放了个人的潜能，驱动了现代科学技术的发展，也极大地推动了西欧资本主义的兴起，成为现代商业社会出现的内在驱动力。

　　显而易见，宗教改革是欧洲进入现代最为重大的制度创新之一。与之相比，同样重要的是公民与国家、社会关系的调整所带来的制度变革。西欧近代的制度变革，大致说来是从两个维度进行的：第一是国家（王权）与罗马教会的关系之调整。所谓教会神权与世俗权力的数百年争夺，最后以现代民族国家的兴起和王权的胜利而告终，随着宗教改革"三十年战争"的结束和《威斯特伐利亚和约》在 1648 年的签订，"教随国定"和主权国家的原则以法律的形式确立，标志着现代民族国家最终凌驾于教会之上，并拥有着无上的权威。第二是国家、社会、个人关系的调整。艾伦·麦克法兰曾经指出，现代性的要义在于，一系列表征同时出现在某个时间节点上：一是恰到好处的人口结构（出生率和死亡率的有效调控），二是政治支柱（政治自由），三是特定的社会结构，即个人取代集体成为社会的基本单位（个人主义），四是新的财富生产方式的兴起

文艺复兴运动"复活"了西方古代文学艺术中的人文精神，是对"人"本身的高度信心和对人的潜力的重新挖掘。

（工业革命），五是特定的认知方法（科学革命）。[7] 而其中的关键是消除三种传统的强制合作手段：亲属关系、绝对主义国家和绝对主义教会。[8]

在麦克法兰看来，完全符合这五个同时出现的条件的国家即英格兰，它因此成为现代世界的诞生地。比如英格兰很早就解除了个人对家庭的依附关系，导致了个人主义在英格兰的高度发达，但与此同时，个人为了"共善"而能把明智的利己主义转变成对更多目标和全社会利益的追求，形成了以"结社文化"为根基的公民社会，并培育了对国家的忠诚和鲜明的民族主义。在此过程中，经由个人主义和结社传统所发展出来的社会实体及其运作（如信托法律制度所代表的契约体系），既推动了政治自由、宗教自由、经济自由、社交自由和知识自由，又推动了民主化、法治化的进程，实现了地方、地区团体的自治和权力的去中央化，最终一种新型的君主立宪制（民主宪政）和新型的英格兰"经济帝国主义"（区别于政治军事意义的罗马帝国）得以诞生。

可以说，宗教改革、国家改革等所引起的一系列变革创新，一举奠定了现代欧洲的制度基础，它们确保了个人的基本自由，激发了整个社会的创造活力，由此创造了现代世界为数众多的物质财富和精神文化遗产。

一种重智和创新的文化，必然是极具进取心的。对于新教革命后的欧洲社会来说，一种新的以追求财富、个人自由和政治民主为取向的社会意识和行为模式开始形成。由于欧洲内部的长期战争（如英法两国的"百年战争"和"玫瑰战争"，法国、西班牙、奥地利的"意大利战争"）及面临的外部威胁（蒙古帝国和奥斯曼帝国的冲击），欧洲文化一度出现了断层，普世主义也进而幻灭。但作为文明之母，战争在带来毁灭的同时，也带来了新的生机：战争锻造了一种新的民族意识，这为后来新型民族国家的出现准备了文化条件；战争带来了文明的跨地域流动，如蒙古帝国的冲击为欧洲带去了培根所说的"改变了全世界的面貌和发展"的火药、罗盘和印刷术。这些来自中国的发明创造在欧洲的广泛运用，既推动了欧洲的新教运动（印刷术），也加速了欧洲海外殖民和人类文明发展的进程（火药、罗盘）。事实上，正是奥斯曼帝国的崛起，阻断了西方与东方传统的贸易通道，迫使意大利、西班牙和葡萄牙等传统航海国家向西另寻出路：为了寻找非洲的黄金来源，葡萄牙的亨利亲王 1415 年开始派遣小舰队沿非洲西海岸南下探险，最终抵达好望角、印度西岸和东印度群岛；西班牙的伊莎贝拉则资助哥伦布横跨大西洋，最终发现了新大陆并征服了美洲。

一种重智和创新的文化，必然是极具进取心的。

伴随上述进程，一场以海外拓殖、全球贸易、攫取财富为目标的历史大幕正在徐徐拉开，它也因民族国家的发展而得到了加强：荷兰、西班牙、葡萄牙、法国、英格兰等西欧国家前赴后继地加入了这一行列。假如去掉其中的历史道德主义含意，我们会发现，正是这种以追求财富为中心的商业冒险精神和海外扩张野心，从根本上形塑了现代欧洲的早期形态，并为现代文明社会的出现创造了各种条件。比如为了远航，磁针、罗盘等发明得到了广泛的应用和改进，欧洲天文学、地理学的发展则为此提供了知识上的支持；新大陆的发现和海外殖民贸易为欧洲带来了巨额的资源财富，它反过来又为科学研究（特别是枪炮、造船、航海、物理和化学知识）提供了新的助推力，促使欧洲社会对各种新观念的进一步开放。

正是在这一背景下，首先在英格兰，一场依托科学革命、能源革命的工业革命发生了，一种新的市场资本主义社会出现了。由于地理条件上的岛国优势，英格兰一方面避免了本土战争的破坏和欧洲大陆纷争的更多困扰，如它在 16 世纪初就与罗马教廷决裂，自立英格兰教会，避免新旧教派的直接冲突；另一方面在国内，由于早在漫长的中世纪就出现了节约劳力的高效农业，其煤炭工业也取得快速发展，英格兰的富裕程度不仅长期位居欧洲前列，而且发展出了半工业化的制造业，18世纪以蒸汽机为代表的革命性技术飞跃，则极大地提升了生产率，促进了工业资本主义的快速发展。

更重要的是，英格兰在此过程中发展出了一种崭新的资本主义精神。大致说来，所谓资本主义精神，一是明确的个人主义，个人与国家、教会和家庭实现了有效的分离，成为社会的基本单位，包括法律对个人私有产权的保护；二是韦伯意义上的"新教伦理"，如个人与上帝直接交流、勤奋工作、节省时间和劳力、为利润而再投资；三是对市场利润、个人财富等永不满足的追求。另外在社会政治上，坚持国法之下的政治平等原则，既追求个人的自由，也追求社会的民主、协作和公益。

假如上述资本主义精神还主要限于经济社会领域，那么在

正是秉承这种极具攫取性的文化精神，近代欧洲创造了前所未有的惊人的物质和精神财富，促成了现代世界的诞生。

文化领域特别是在自然科学、人文社会科学等知识领域，欧洲近代以来的进取精神也得到了淋漓尽致的展现：欧洲不仅开创了以探求自然规律为旨归的门类齐全的现代自然科学体系（数学、物理学、化学、天文学、医学等），也开创了追寻社会发展规律的现代人文社会科学体系（法学、社会学、人类学、政治学、经济学、历史学、语言学等），而且其研究所涉及的知识广度和所达到的学术深度，也是让人叹为观止的。

可以说，正是秉承这种极具攫取性的文化精神，近代欧洲创造了前所未有的惊人的物质和精神财富，促成了现代世界的诞生；另外，通过海外贸易、殖民掠夺、侵略战争强化了欧洲对外的扩张，客观上使现代文明成果遍布全球。

近代以来的欧洲文明已成为世界文明发展最为重要的部分之一，其重智、创新和极具进取心的文化传统，尤其是处于上升期的资本主义文化，所带给我们的启示显然是极其丰富的，也为我们今天如何发展文化、发展什么样的文化提供了历史的借鉴。

注释

[1]〔英〕艾伦·麦克法兰:《现代世界的诞生》，管可秾译，上海人民出版社，2013，第356～357页。

[2]〔英〕艾伦·麦克法兰:《现代世界的诞生》，管可秾译，上海人民出版社，2013，第356～357页。

[3] 陈方正:《继承与叛逆——现代科学为何出现在西方》，生活·读

书·新知三联书店，2009，第 92 页。

[4] 张光成:《智与情：中西文化的一个差别》,《中华读书报》1999 年 12 月 8 日。

[5] 余英时:《序》，载陈方正《继承与叛逆——现代科学为何出现在西方》，生活·读书·新知三联书店，2009。

[6] 陈方正:《继承与叛逆——现代科学为何出现在西方》，生活·读书·新知三联书店，2009，第 507 ~ 510 页。

[7] 〔英〕艾伦·麦克法兰:《现代世界的诞生》，管可秾译，上海人民出版社，2013，第 18 ~ 22 页。

[8] 〔英〕艾伦·麦克法兰:《现代世界的诞生》，管可秾译，上海人民出版社，2013，第 159 页。

4

美国的文化精神

CULTURAL SPIRIT
OF AMERICA

在描绘美国的文化精神地图时，人们脑海里可能会立刻出现爵士乐、橄榄球、好莱坞大片、CNN 电视新闻、美剧、麦当劳和肯德基快餐等文化地标，及其所代表的无所不在的消费文化，或者还有马克斯·韦伯所概括的"新教伦理"，杜威等的"实用主义"。在不少人看来，美国文化是物质、消费、享乐、流行、大众甚至低俗的代表。这种判断有一定合理性，但美国文化绝对没有那么简单，在这些表象之下，流动着的是一种深刻、持续、充满活力的文化精神。

这一精神的形成过程充满曲折。刘易斯·芒福德在分析美国国家精神的起源时指出：

> 漂洋过海移民来到大西洋彼岸定居下来，这一举动，其实是一个漫长过程的登峰造极；它包括中世纪文化的解体和结束，同时，也包含着另一种新文化的孕育和开端。假如说，中世纪文化的解体过程是在美国达到了最彻底程度，那么，新文化的这一更新过程，在接连到来的几个时间段内，也都在这个新兴国家表现得最活跃、最明显；所以说，人类到美洲冒险的最大意义，不在于对物质财富永不停歇的求索，而在于开创一种真正新型的人类文化。[1]

同欧洲历史"藕断丝连的分裂，让美国人能够继续探索前进"。

但这种新文化一开始是抽象的、结构破碎的。在刘易斯·芒福德看来，"享乐人生"的"欧式生活方式"，在美国殖民时期的第一个世纪内，"未给美国的精神思想留下丝毫沉淀"。[2]在其后由 16 世纪的新教徒、17 世纪的哲学家和科学家和 18 世纪的各种思想家赋予的确定的结构形式中，"新教精神所发展起来的那些美德和习惯，诸如它强调勤奋、节俭，强调碌碌无为和享乐至上的邪恶可怕，强调艺术活动的市侩特色与邪恶本质，凡此种种，都曾对工业革命有着不可估量的贡献"，[3] 但"新教伦理和科学精神，扼杀了旧时代的种种象征，它们还必定要阻挠新时代象征物的诞生和发展"[4]，如富兰克林"已经彻底被那时占据主流文化的抽象形式和神话所吸引：这些东西分别是：物质、金钱和政治权利"，"他也欣然接受了时间的机械概念：时间就是金钱"。[5]

直到 19 世纪 30 ～ 60 年代，"东海岸各州殖民地中的古老文化进入了它精神财富的黄金时代"，[6] 爱默生、梭罗、惠特曼、霍桑和麦尔维尔等五位新大陆文艺复兴领袖人物赋予美国新的个性，"美国人开始生机勃勃地生活在各种新经验当中"，"这个时代，一个极富想象力的新大陆诞生了，这同时也是人类精神思想地理世界中一个新的半球"，同欧洲历史"藕断丝连的分裂，让美国人能够继续探索前进"，"正如美国移民后来能够容纳来自世界各地的民族成员，所以美国的历史才能敞开心怀，包容西方和东方的文化，锤炼出一个共同的内核"。[7]

黄金时代带来的深刻变化是：第一，"在日常生活周而往复的循环中，超验主义者可以抗议，说无聊的物质主义已经开始统治了这个时代；但是，稍微大胆一些，就能把这种唯物

人类到美洲冒险的最大意义，不在于对物质财富永不停歇的求索，而在于开创一种真正新型的人类文化。

主义化为一轮新雄起的宝贵资源";[8]第二,"科学所代表的利益和兴趣,与科学在其发展过程中偶然遗忘了、否定掉了的利益和兴趣,这两者互相牢固地焊接在一起";[9]第三,与工业时代到来之初"敌视和排斥一切外域文化"的粗暴和野蛮不同,"黄金时代的每一个优秀思想家,都会毫不犹豫、毫不畏惧地迎接世界上的新生力量"。[10]

黄金时代在美国文化精神的形成中的关键作用在于,成功解决了物质与精神、科学与艺术之间的根本冲突,实现了物质主义的创造性转化。其中关键的品质无疑是创造、创新、开放和包容。

美国文化的大众化、商业化和"流行文化"及"亚文化"特征,常常使这些关键品质隐而不显。实际上,美国的文化精神已经进入一种威廉·迪安所描述的"无意识的、非认知的和情感性的"状态。比如,爵士乐、橄榄球和电影的发明之所以是在美国而不是别的地方,就是因为美国为这些艺术的存在提供了特殊的文化支撑。威廉·迪安说:"如果说美国是一个移民国家,是一个被放逐的人们的国家,那么这个国家就是一个建立在文化真空之中的国家,她特别缺乏丰富的古代文化遗产。如果想要填满这个真空的话,美国人就得学会对他们遥远祖国的传统进行即兴创作,并把这些传统变成是他们自己的传统。"[11]也就是说,在爵士乐、橄榄球和电影这些流行艺术背后,隐现的是创新、创造的身影。

纽约无疑是美国文化精神的代表。纽约市长鲁道夫·朱利安尼 1998 年在他的第二任期就职演说中的一段话可以标示出这种精神的深度。他说：

> 最伟大和最成功的城市一直是那些艺术繁荣和发展的城市。我们用来定义未来一代的是创造出来的音乐、戏剧、舞蹈、绘画、雕塑、建筑，我们的哲学家、神学家、诗人、小说家、历史学家的著作不仅会影响未来一代纽约人，而且会影响美国人和全世界的人。伟大城市的最宝贵遗产是他们给予世界的伟大艺术品。[12]

威廉·迪安：《美国的精神文化——爵士乐、橄榄球和电影的发明》——对美国社会精神特征的深思。

从这段话中，我们读不出一个"物质的纽约"，感受到的是纯文化的力量。也就是说，在"欲望之都"的表象之下，雄浑的文化是纽约的精神内核，正是一种新型的文化让纽约与伦敦、巴黎等城市一起领导着世界城市的发展。

作为一个文化积淀并不深厚的城市，纽约何以成为全球一线城市和全球一线文化城市，是一个值得思考的问题。加拿大学者贝淡宁和以色列学者艾维纳在考察全球九大城市的城市精神时，注意到纽约和香港的差别："纽约不仅是资本首都，而且是文化首都"，"香港也是由让城市变得富裕的雄心勃勃的移民所组成，但它没有发展出像纽约这样充满活力的文化盛况"。"纽约的人才资源更丰富"，但那不是主要原因；香港和纽约一样拥有"创造的自由"；"纽约幸运地拥有具有公共精神的资本家，他们使用财富促进文化的发展"也只是部分原因。真正的原因在于，"纽约不仅以在博物馆里保存的伟大艺术品

在爵士乐、橄榄球和电影这些流行艺术背后，隐现的是创新、创造的身影。

弗雷德里克·马特尔:《论美国的文化——在本土与全球之间双向运行的文化体制》——法国学者对美国文化何以能够繁荣发展、何以成就其文化霸权的观察与深思。

而闻名，更因为其艺术世界的创造性和创新而闻名"，"令变化过程如此具有创造性的因素是，这里存在各种不同的起点"，"纽约新文化形式爆炸的主要原因是移民的多样性"，来自完全不同民族和语言及社会背景的移民"具有新的视角，质疑传统的行为方式，促进创新"。[13]

创造性与创新的文化使纽约与香港等城市处在不同的城市水平上，也构成了美国文化精神的基本要素。纽约大学教授托马斯·班德在解读纽约的创新文化时说：

> 纽约可以说是一个意识的空间和环境。在这里，有关艺术和非艺术、艺术和技术、手艺和专门知识、移民和土著等等的传统分类和差异没有消失，但却变得含混不清、互相渗透。在我看来，由这种复杂性而产生的创新空间是怎么评价都不为过的。爱迪生打乱了化学、物理、工程和金融的界限，老板和工人的界限，科学和手艺的界限，成就了他的发明创造。在更大的范围内，对传统定义和束缚的普遍超越，使纽约成为创新之都、现代性之先驱。[14]

超越传统、跨界融合成就了纽约的创新空间，其中的动力则来自多元的观念、文化之间的冲突与融合。美国南加州大学教授伊丽莎白·科瑞德在《创意城市：百年纽约的时尚、艺术与音乐》一书中谈到纽约时说：

> 这种活力和推动力来自时尚、艺术、电影、音乐

美国文化精神的另一个重要维度，即"文化公民权利"。

和设计业所共同面对的人们多元、矛盾、冲突的感受和想法。正是这些多元化的东西成就了纽约这座城市，让它在艺术、文化发展方面笑傲全世界。[15]

纽约的实践也反映出美国文化精神的另一个重要维度，即"文化公民权利"。法国社会学家弗雷德里克·马特尔在研究美国的文化体制后，认为美国文化的神秘之处是：

> 这一体制的力量在于它很大程度上是靠自己在运转的。在美国文化的飞机上没有驾驶员。没有权威，也没有核心行动者。但这里有更好的东西，有成百上千的独立行动者，所有人彼此联系在一起，他们各自是孤立的，但是他们头脑中深深地印着的甜蜜而苦涩的孤独感促使他们为了公益而行动，促使他们团结在美国价值观的周围。他们是自私自利者，又是慈善家，这就是美国公民人文主义的"奇迹"。[16]

弗雷德里克·马特尔认为，这种"参与、自主和志愿精神的主要动力在于它将产生我们可以称作的'文化公民权利'"[17]。正是对公民文化权利的尊重，将文化生活交到公民手中，将文化变成社会运动。"民族的全部活跃力量，无论是大学还是教堂，社区还是商业企业，全部自发地为文化体制做贡献。"[18]

创新、开放、包容和对公民文化权利的尊重，构成美国文化精神的基本内核，演绎的是纽约、洛杉矶、波士顿和旧金山

超越传统、跨界融合成就了纽约的创新空间，其中的动力则来自多元的观念、文化之间的冲突与融合。

"纽约新文化形式爆炸的主要原因是移民的多样性。"

等城市风情万种的文化魅力，形成的是美国文化无与匹敌的国际竞争力、可持续发展能力和全球影响力。

我们还不得不注意的是，支撑美国文化的另一重因素"美国梦"。美国梦是美国核心价值观的集中反映，有人说，美国是世界的梦工厂，美国梦与美国文化密切相关。

美国学者普遍认为，《独立宣言》是美国梦的根基，自由女神像是美国梦的象征。我们更应该注意到的是，"美国梦"概念的提出者詹姆斯·特拉斯洛·亚当斯 1931 年 5 月在他所著的《美国史诗》一书中写道，他书中的主题是"让我们所有阶层的公民过上更好、更富裕和更幸福的生活的美国梦，这是我们迄今为止为世界的思想和福利做出的最伟大的贡献"。[19]

乔恩·米查在《美国梦的历史》一文中评论说：

> 新鲜的是亚当斯所使用的具体措辞：美国梦。从约翰·温思罗普以及清教徒对新世界实实在在的"山巅之城"的寻找，到本杰明·富兰克林"通向财富的道路"警句，再到霍雷肖·阿尔杰和他戏剧中希望改善社会地位的小人物，亚当斯的这一措辞曾经——而且现在仍然——体现着美国经验的最深刻根源。[20]

美国梦注入美国文化的意义是多重的。

首先，它使个人主义成为美国文化的基石，使个人实现和

创新、开放、包容和对公民文化权利的尊重，构成美国文化精神的基本内核，演绎的是纽约、洛杉矶、波士顿和旧金山等城市风情万种的文化魅力，形成的是美国文化无与匹敌的国际竞争力、可持续发展能力和全球影响力。

个人的主动性永远是美国精神的重要内容。美国梦是以个人主义为基础的，强调个人的冒险成功，讲究奋斗、勤俭。如洛克菲勒家族是美国梦的经典、灵魂，洛克菲勒在家训中强调勤奋、进取和回馈社会，强调自由、平等、奋斗和美好生活，强调精神上的富足和良好的生活习惯，但等等这些理念都是建立在个人基础之上。他说：

> 我相信为自己勤奋会致富，但不相信努力为别人工作就一定成功。……我一直视努力工作定会致富为谎言，从不把为别人工作当作积累客观财富的上策，相反，我非常笃信为自己工作才能富有。我采取的一切行动都忠于我的伟大梦想和为实现这一梦想而不断达成的各个目标。[21]

美国梦注入美国文化的意义是多重的。

其次，它使美国文化对精神层面的追求远远胜过对物质的追求。美国梦与 16 世纪和 17 世纪的探索者对黄金和财富的寻求相关，但正如詹姆斯·特拉斯洛·亚当斯在《美国史诗》中所指出，美国梦远远超过物质范畴，美国梦就是让个人才能得到充分发展，实现自我。美国梦不是汽车，也不是高工资，而是一种社会秩序。在这种秩序下，所有男人和女人都能实现依据自身素质所能取得的最大成就，并得到社会的承认，而与他（她）的出身、社会背景和社会地位无关。

再次，它使开拓、创造与创新融入了人们对幸福生活的追求。如乔恩·米查在《美国梦的历史》一文所言：

在"现代世界帝国"的美国，文化日益变得孤傲和霸道。有如此积极的文化，为什么美国现在会做出许多令人匪夷所思的事情。

西部的神话也是美国的神话：我们所有人都可以投奔自由州，创造幸福的新生活。随着美国日益成熟，个人能够穿越千山万水一路向前这一信念的诱惑力也变得更加强烈。我们的政治重心一直在从东向西移动（实际上也在从北向南移动）。尽管 1890 年的人口普查宣称边疆地区已经不复存在，但收拾行装追求幸福生活的想法从未消退。[22]

最后，它使包容意识深入美国文化的内核。与其说美国文化是搅拌机，是熔炉，不如说美国文化是一场盛大的迪斯科舞会，在共同价值观的旋律下，大家做着各自不同的动作。乔恩·米查自信地说："我们越是张开双臂，我们就越强大。当我们与同时代的其他人分享梦想的时候，我们的梦想就会更有力量。而我们是唯一可以为美国梦一代代延续下去创造氛围的国家。"[23] 这种自信建立在一种深刻的分享意识和包容意识之上。

但我们也必须看到另一面，在"现代世界帝国"的美国，文化日益变得孤傲和霸道。有如此积极的文化，为什么美国现在会做出许多令人匪夷所思的事情。有时候它完全是从国家利益的角度考虑问题，如其外交上的主张有时完全是两种相互矛盾的判断，例如乌克兰和叙利亚都在搞总统选举时国内发生内乱，乌克兰的（选举）它赞成，叙利亚投票的人也不少，它就不赞成，一个承认，一个就不承认，类似的例子这些年不少，美国是越做越混乱。如果说它的一个基本立场，符合三权分立框架的就支持，它认为是集权的就反对，这还说得过去，但现在即使是三权分立的，它也要看是否亲美。

此消彼长，美国的话语权在逐步丧失。这种现象确实和经济有关，但主要不是经济问题，而是和文化发展中是否还具有创新、智慧、包容和力量的特质有关。

与其说美国文化是搅拌机，是熔炉，不如说美国文化是一场盛大的迪斯科舞会，在共同价值观的旋律下，大家做着各自不同的动作。

注释

［1］〔美〕刘易斯·芒福德:《刘易斯·芒福德著作精萃》,〔美〕唐纳德·L. 米勒编，宋俊岭、宋一然译，中国建筑工业出版社，2010，第 320 页。

［2］〔美〕刘易斯·芒福德:《刘易斯·芒福德著作精萃》,〔美〕唐纳德·L. 米勒编，宋俊岭、宋一然译，中国建筑工业出版社，2010，第 332 页。

［3］〔美〕刘易斯·芒福德:《刘易斯·芒福德著作精萃》,〔美〕唐纳德·L. 米勒编，宋俊岭、宋一然译，中国建筑工业出版社，2010，第 333 页。

［4］〔美〕刘易斯·芒福德:《刘易斯·芒福德著作精萃》,〔美〕唐纳德·L. 米勒编，宋俊岭、宋一然译，中国建筑工业出版社，2010，第 334 页。

［5］〔美〕刘易斯·芒福德:《刘易斯·芒福德著作精萃》,〔美〕唐纳德·L. 米勒编，宋俊岭、宋一然译，中国建筑工业出版社，2010，第 335 页。

［6］〔美〕刘易斯·芒福德:《刘易斯·芒福德著作精萃》,〔美〕唐纳德·L. 米勒编，宋俊岭、宋一然译，中国建筑工业出版社，2010，第 342 页。

［7］〔美〕刘易斯·芒福德:《刘易斯·芒福德著作精萃》,〔美〕唐纳德·L.米勒编,宋俊岭、宋一然译,中国建筑工业出版社,2010,第345～346页。

［8］〔美〕刘易斯·芒福德:《刘易斯·芒福德著作精萃》,〔美〕唐纳德·L.米勒编,宋俊岭、宋一然译,中国建筑工业出版社,2010,第345页。

［9］〔美〕刘易斯·芒福德:《刘易斯·芒福德著作精萃》,〔美〕唐纳德·L.米勒编,宋俊岭、宋一然译,中国建筑工业出版社,2010,第377页。

［10］〔美〕刘易斯·芒福德:《刘易斯·芒福德著作精萃》,〔美〕唐纳德·L.米勒编,宋俊岭、宋一然译,中国建筑工业出版社,2010,第377页。

［11］〔美〕威廉·迪安:《美国的精神文化——爵士乐、橄榄球和电影的发明》,袁新译,商务印书馆,2013,第13页。

［12］〔美〕鲁道夫·朱利安尼:《第二任期就职演说:永久改变的议程》,转引自〔加〕贝淡宁、〔以〕艾维纳:《城市的精神》,吴万伟译,重庆出版社,2012,第287页。

［13］〔加〕贝淡宁、〔以〕艾维纳:《城市的精神》,吴万伟译,重庆出版社,2012,第297～298页。

［14］〔美〕托马斯·班德:《从纽约的历史看创新文化的生长——托马斯·班德教授在华东师范大学思勉人文高等研究院的讲演》,《文汇报》2009年2月21日。

［15］〔美〕伊丽莎白·科瑞德:《创意城市:百年纽约的时尚、艺术与音乐》,陆香、丁硕瑞译,中信出版社,2010,第XI页。

［16］〔法〕弗雷德里克·马特尔:《论美国的文化——在本土与全球之间双向运行的文化体制》,周莽译,商务印书馆,2013,第435页。

［17］〔法〕弗雷德里克·马特尔:《论美国的文化——在本土与全球之间双向运行的文化体制》，周莽译，商务印书馆，2013，第436页。

［18］〔法〕弗雷德里克·马特尔:《论美国的文化——在本土与全球之间双向运行的文化体制》，周莽译，商务印书馆，2013，第439页。

［19］转引自〔美〕乔恩·米查《美国梦的历史》，美国《时代》周刊2012年7月2日。

［20］〔美〕乔恩·米查:《美国梦的历史》，美国《时代》周刊2012年7月2日。

［21］〔美〕约翰·D.洛克菲勒:《洛克菲勒留给儿子的38封信》，中国妇女出版社，2004。

［22］〔美〕乔恩·米查:《美国梦的历史》，美国《时代》周刊2012年7月2日。

［23］〔美〕乔恩·米查:《美国梦的历史》，美国《时代》周刊2012年7月2日。

5

中国文化的流变

EVOLVEMENT OF
CHINESE CULTURE

卡尔·雅斯贝斯:《历史的起源与目标》——哲学家对历史的独到而深刻的理解。

古希腊和近代欧洲的文化是人类文明的优秀遗产，美国文化则是当今全球化时代最具影响力的文化，在文化发展的当代语境中，我们不得不更多地关注以这三者为代表的西方文化。但我们无法回避的一个问题是：中国文化发展的历史给我们的启示是什么？这不仅因为我们需要在中国文化的大背景下讨论我们需要什么样的文化繁荣问题，而且因为中国文化在人类文明史上的独特地位，因为中国、印度和西方一起创造了人类发展的轴心时代。

德国哲学家卡尔·雅斯贝斯提出，人类发展已经经历了史前、古代文明、轴心期和科学技术时代四个阶段，其中在公元前 800 ~ 公元前 200 年之间 500 年左右的 "轴心期"，是 "两大帝国时代之间的间歇、因自由而暂停和导致最清醒的意识的深呼吸"[1]，中国、印度和西方的人们告别野蛮，实现了 "精神的突破"。

那个时期，似乎是不谋而合，在中国、古印度、伊朗、巴勒斯坦、古希腊等地，几乎同时出现了伟大的思想家，如中国的孔子、老子、墨子、庄子、列子等，印度的《奥义书》和佛陀，伊朗的琐罗亚斯德，巴勒斯坦的以利亚、以赛亚、耶利亚、以赛亚第二，希腊的荷马、巴门尼德、赫拉克利特、柏拉图以及修昔底德和阿基米德。[2]

轴心期的时代特点是，"世界上所有三个地区的人类全都开始意识到整体的存在、自身和自身的限度"；"这个时代产生了直至今天仍是我们思考范围的基本范畴"；"神话时代及其宁静和明白无误，都一去不返"，"理性和理性地阐明的经验向神话发起一场斗争"；"哲学家首次出现"；"相互交流在这三个地区分别建立了精神传播运动"。[3]

谈到轴心期对世界历史结构的影响时，雅斯贝斯说：

> 直至今日，人类一直靠轴心期所产生、思考和创造的一切而生存。每一次新的飞跃都回顾这一时期，并被它重燃火焰。……轴心期虽然在一定的空间限度里开始，但它在历史上却逐渐包罗万象。任何未同轴心期获得联系的民族仍保持"原始"，继续过着已达几万甚至几十万年的非历史生活。生活在轴心期三个地区以外的人们，要么和这三个精神辐射中心保持隔绝，要么与其中的一个开始接触；在后一种情况下，他们被拖进历史。[4]

雅斯贝斯的"轴心期"理论，打破了 19 世纪人们持有的"世界历史就是西方的历史"的固有观念，将轴心期的中国、印度和西方视为"世界历史水平上唯一一个相当于总体的普遍类似"，[5]"具有极其丰富的精神创造"，"决定了直至现今的全部人类历史"。[6]

在对轴心期的特征的分析中，雅斯贝斯深刻地看到：

> 过去，这三个地区的精神状况一直比较持久。任凭灾祸迭起，一切仍重复发生，它们被禁锢在静止滞缓的精神运动范围之内。这种精神运动没有进入意

中国、印度和西方一起创造了人类发展的轴心时代。

识，因此得不到领悟。现在正相反，作用力增强了，它引起了狂潮奔涌的运动。[7]

雅斯贝斯所看到的，实际上就是文化流动在轴心时代所显示的力量。雅斯贝斯进一步解释说，这种作用力包括"惊人的繁荣和财富、力量的发展"，如"中国的诸侯列国和城市在周朝软弱无力的帝国统治下，获得了独立自主的生活"，特别是相互交流所建立的"精神传播运动"，如：

> 孔子、墨子和其他的中国哲学家们，游历中原，到处赢得促进精神生活的佳誉，并奠立了汉学家们所说的各学派，希腊的诡辩家和哲学家同样到处漫游，而佛陀则在各地云游中度过一生。[8]

雅斯贝斯很看重中国的历史地位，他说：

> 历史包括中国、印度、近东和欧洲约五千年的事件。和欧洲比肩并列的是中国和印度，而不是地理上的整个亚洲。[9]

使中国与印度和欧洲比肩并列的力量，正是先秦时代中国文化高度的流动性，以及支撑这种流动性的创新、智慧、包容和力量。实际上，在整个中国文化的漫长发展史中，凡是创新、智慧、包容和力量特征凸显之时，就是中国文化强盛之日；凡是创新、智慧、包容和力量特征遮蔽之日，就是中国文化衰微之时。

先秦时期的中国与古希腊、古印度一起，探索和创造了人

文化以前所未有的规模、速度和力量在那个激动人心的时代里冲突、融合、创新，智慧之光在其中升腾，包容的胸怀在其中敞开，力量之美在其中展现，中国文化世代延续的创新、智慧、包容、力量基因在其中形成。

类思想的基本概念与范式。那是一个思想与文化原创的时代，即便有孔子"述而不作"的坚持，也掩饰不住先秦时期中国文化鲜明的创新特征。在先秦这个中国思想文化大规模原创的大时代，诸子百家在一个大变动、大动荡、文化大流动的岁月里，以各自独特的视角，对宇宙、自然、社会、政治、人性、教育、科学、军事、逻辑等诸多领域，对人与自然、人与社会的关系做出了前所未有的深刻探讨。他们以别开生面的创新精神，超越前人的知识与智慧，编织出了一幅绚丽多彩的文化画卷，形成了令人回味和向往的"百家争鸣"格局。文化以前所未有的规模、速度和力量在那个激动人心的时代里冲突、融合、创新，智慧之光在其中升腾，包容的胸怀在其中敞开，力量之美在其中展现，中国文化世代延续的创新、智慧、包容、力量基因在其中形成。

尽管雅斯贝斯认为秦帝国的建立意味着轴心期的结束，但我们更乐意看到，两汉时期中国首次成为地区最强大国家，以丝绸、纸张、陶瓷以及陆军和海军技术为载体的中国文化的影响力达到朝鲜半岛和东南亚部分地区。先秦时代的文化繁荣孕育和催生了一个强盛的中国。

公认的盛世中国是 7 世纪建立的唐朝，文化的繁荣与国家的兴盛完美地结合在一起。新加坡国立大学东亚所所长郑永年对唐代中国有过一段比较到位的描述：

> 唐朝的影响力传播到了日本和东亚其他地区，维持了近 300 年，这时的中国完全不同于汉朝。唐朝的

唐朝的强大和其外在影响得益于其高度的开放。

强大和其外在影响得益于其高度的开放。唐朝不仅文化上开放，政治上也开放，被西方学者称为"开放的帝国"。佛教的传播和北方游牧部落在中原定居，这两种影响的强大混合力塑造出了一个新的国家，显示出其高度的世界性。高度开放也迎来了一个贸易和工业不断增长的时代。来自遥远国度的商人和旅行者带来的新东西，不仅丰富了中国人的生活，而且对中国文化做出了贡献，由此造就了一个中国历史上真正的全盛时期。[10]

与其把中国视为政治实体，还不如把它视为文明实体——唯一从古代存留至今的文明。

　　唐代在史学、哲学、宗教、艺术等领域都独具特色，具有创新性成就，尤其是唐诗成为中国古诗不可逾越的巅峰。唐代文化最突出的特点是开放包容、融合创新，兼容并蓄的社会风气，给五胡十六国以来进居塞内的各个民族提供了一个空前的交流融合环境，形成胡风盛行的局面，这一过程使汉文化从外族文明中汲取了丰富的养分。当时的中国社会经济处于上升阶段，文化先进，即便是认为轴心期之后的中国已经失去其在世界历史中的中心位置的雅斯贝斯，也不得不说：

　　公元700年左右，若有周游地球的外星来客，他大概会在当时中国的首都长安发现地球上精神生命最高级的活动中心。[11]

　　那个时期，也是历史上中国向周边国家文化与技术的一个大输出时期，其文化上的创造力与区域影响力达到历史的最高峰。此后的中国文化，在宋、元、明、清的历史演进中再也没有取得如此地位，经济上的崛起和军事上的强盛基本上再也没有形成正相关的良性互动格局。

　　当然，在中国文化的流变中，我们还需要注意的一个事实是中国文化在从未中断意义上的长盛不衰。一般认为，中国是四大古文明中唯一未曾中断过的文明。这一观点未必会得到普遍认同。如雅斯贝斯就认为：

罗素：《中国问题》——
立足西方立场对中国的
历史、文化的独到见解。

　　　　尽管有非同寻常的破裂、毁灭和显然是总体的失败，西方从未丧失其文化连续性，它至少有维持了数千年的明确的概念形式、修辞、单词和惯用语。凡是在同过去的意识联系中断之处，就有一定程度的事实连续保持着，并于后来又在意识上与过去的传统联系起来。[12]

　　罗素则更加看重中国文化的连续性，在《中国问题》中，他认为中国文化延续数千年而不衰实在了不起。他在书中写道：

　　　　与其把中国视为政治实体还不如把它视为文明实体——唯一从古代存留至今的文明。从孔子时代以来，古埃及、巴比伦、马其顿、罗马帝国先后灭亡，只有中国通过不断进化依然生存，虽然也受到诸如昔日的佛教、现在的科学这种外来影响，但佛教并没有使中国人变成印度人，科学也没有使中国人变成欧洲人。[13]

　　究其原因，罗素认为，最大的原因或许因为中国人口众多而且又同属于一种文化。其次，中国文化善于同化外来文化。再次是因为中国有方块字。罗素说："中国文化能如此历久不变，足以让后人追根溯源，或许就是由于使用了表意文字。我们是一字代表一音，而中国却是一字代表一意。"[14] 最后，他认为是因为中华民族忍耐力强。

> 中华民族是全世界最富忍耐力的，当其他民族只顾及数十年的近忧之时，中国则已想到几个世纪之后的远虑。它坚不可摧，经得起等待。[15]

对于罗素关于中国文化长盛不衰原因的观点，笔者基本上是赞同的，尤其是其关于中国文化善于同化因战争和其他因素而进入中国的异族文化的观点。但是，为什么中国文化能够同化其他文化，而不被其他文化所同化？笔者认为与以下三个因素紧密相关。

一是中国文化具有集纳意义，尤其是儒家思想的核心价值——"仁义礼智信"，包含了自强的力量、兼容的气度和通达的智慧等特点，适用于世界各民族。正是因为中国文化中的核心价值具有集纳意义，异族文化只能被中国文化所同化。

二是中国文化包容大度，博采众长，具有以"我"为主，为"我"所用的特质。正如罗素在《中国问题》中指出的：

> 对于西方的坏东西——兽性、不安、欺压者和纯物质贪欲，他们都心如明镜，不愿接受。而对于那些优点，尤其是科学，则照单全收。[16]

正是这种文化特质，使得中国文化不可能被西方等文化所同化。

三是中国人民长期形成的文化认同感。中国是多民族国家，各民族文化不尽相同，但各族人民对中国传统文化特别是儒家文化有着很强的认同感。这种强烈的认同感使各民族在长期历史发展进程中紧紧凝聚在一起，是中华民族的共同精神家园。有了这种精神家园，外来文化自然容易被同化。

几千年来，中国文化多次处于世界领先的位置，到了近代，中国遭遇到数千年未有之变局，彻底改写了中国文化在世界上的位置，以及国人对中国文化的心态。伴随着这一痛苦过程的是中国文化的新生。

这首先是"五四"以来形成了中国文化新的传统，为中国文化增加了新的元素。五四运动，把中国文明推进到一个新的历史阶段。这一新阶段就是给我们的文明奠基注入了科学和民主这一新的文化价值理念。与此同时，中国传统文化所取得的一切优秀成果，作为一笔丰厚的遗产，又被中国新的文明批判地继承下来。

"五四"以来影响最大的，是中国共产党创建的中国特色社会主义新文化传统。今天，我们要建立的现代中国文化，既是民族的、大众的，也是面向世界、面向未来的。要在确立中华文化主体性的基础上，以开放的心态，平静而理性地面对西方文明给我们带来的冲击，尊重和融合世界的优秀文化。

为什么中国文化能够同化其他文化，而不被其他文化所同化？笔者认为，以下三个因素紧密相关。

重新认识和反思中国的传统文化，挖掘、弘扬中国传统文化的当代价值。

中国文化绝不是只能陈列于博物馆之中的，在新的时代，应该把它的价值和光辉，呈现在全人类的面前。中国文化五千年生生不息、绵延不断，她有自强的力量、兼容的气度和通达的智慧。我们应当与时俱进，学习和吸收世界各国文化的优长，以发展中国的文化；同时也要在中国经济崛起、政治影响扩大的背景下，重新认识和反思中国的传统文化，挖掘、弘扬中国传统文化的当代价值，促进传统文化向现代文化的创造性转化，将传统的文化资源转化成中国现实的软实力，在进一步与当今人类文化多样性的融合中，不断增进中国的文化认同，通过国家文化主权，逐渐扩展中国文化的对外影响，提升中国文化在世界文化价值体系中的主导地位，实现中华民族的伟大复兴。

这种图景正在印证 20 世纪 60 年代雅斯贝斯所做出的判断：

> 不掌握任何决定权的中国和印度的重要性将在今天增长。它们拥有不可替代的文化传统和大量的人口，这些正在成为人类的一个因素——同所有其他正在当前人类的巨变中寻找出路的民族一样，都在被迫投入这种巨变中去。[17]

注释

[1]〔德〕卡尔·雅斯贝斯:《历史的起源与目标》，魏楚雄、俞新天译，华夏出版社，1989，第 62 页。

[2]〔德〕卡尔·雅斯贝斯:《历史的起源与目标》，魏楚雄、俞新天译，华夏出版社，1989，第 7 ~ 8 页。

［3］〔德〕卡尔·雅斯贝斯:《历史的起源与目标》，魏楚雄、俞新天译，华夏出版社，1989，第8～11页。

［4］〔德〕卡尔·雅斯贝斯:《历史的起源与目标》，魏楚雄、俞新天译，华夏出版社，1989，第14页。

［5］〔德〕卡尔·雅斯贝斯:《历史的起源与目标》，魏楚雄、俞新天译，华夏出版社，1989，第20页。

［6］〔德〕卡尔·雅斯贝斯:《历史的起源与目标》，魏楚雄、俞新天译，华夏出版社，1989，第21页。

［7］〔德〕卡尔·雅斯贝斯:《历史的起源与目标》，魏楚雄、俞新天译，华夏出版社，1989，第11页。

［8］〔德〕卡尔·雅斯贝斯:《历史的起源与目标》，魏楚雄、俞新天译，华夏出版社，1989，第11页。

［9］〔德〕卡尔·雅斯贝斯:《历史的起源与目标》，魏楚雄、俞新天译，华夏出版社，1989，第84页。

［10］〔新加坡〕郑永年:《为什么中国没有文化崛起?》，新加坡《联合早报》2014年4月23日。

［11］〔德〕卡尔·雅斯贝斯:《历史的起源与目标》，魏楚雄、俞新天译，华夏出版社，1989，第88页。

［12］〔德〕卡尔·雅斯贝斯:《历史的起源与目标》，魏楚雄、俞新天译，华夏出版社，1989，第71页。

［13］〔英〕罗素:《中国问题》，秦悦译，学林出版社，1996，第164页。

［14］〔英〕罗素:《中国问题》，秦悦译，学林出版社，1996，第25页。

［15］〔英〕罗素:《中国问题》，秦悦译，学林出版社，1996，第6页。

［16］〔英〕罗素:《中国问题》，秦悦译，学林出版社，1996，第164页。

［17］〔德〕卡尔·雅斯贝斯:《历史的起源与目标》，魏楚雄、俞新天译，华夏出版社，1989，第91页。

6

自我消弭性文化的媚惑

THE LURE OF A
SELF-ELIMINATING CULTURE

文化类型与国家或城市发展具有复杂的相关性，从逻辑上讲，任何一种类型的文化的兴盛都能促进国家或城市的发展，但从实践上看，文化的繁荣与国家或城市的兴衰并不必然正相关。放眼历史的长河，一些类型的文化繁荣的表象之下往往隐藏着惊天的危机，浮华之后是国家衰落、城市凋零的开始。

关键因素之一是这些繁荣的文化缺乏创新、智慧、包容、力量要素的支撑。

比如说我国南宋时期的临安，作为偏安东南一隅、人口超过百万的都城，上承北宋汴梁的习气与余韵，其娱乐休闲文化不仅得以继续发展，而且达到了高度发达、繁荣的地步：瓦舍、勾栏，熙熙攘攘，娱乐、休闲通宵达旦，其市民文化生活在当时世界可能是最丰富的。

然而，这种娱乐文化的发达却是与当时积弱的国家政治形势极不相称甚至是背道而驰的。有人说，南宋亡国有三要素：民穷、兵弱、财匮，但正如南宋学者王应麟所指出的那样，这皆源自当国士大夫的无耻。也就是说，大敌当前，南宋朝野上下那种怡然自得的苟安心态，那种人为的懈怠所引起的文恬武嬉、不思进取，才最终导致南宋的灭亡。

相似的例证还有古罗马帝国。罗马帝国的兴起和伟大是众所周知的，其衰落和灭亡也有着各种各样的原因。其中，罗马人的生活方式，尤其是过于追求休闲和娱乐的价值取向，也成为它最后消亡的文化征兆。在古罗马，人们信奉"打猎、洗澡、游戏、找乐子——这就是人生"的生活哲学，追求有趣与享乐的生活：残酷的角斗士比赛、庞大的赛车俱乐部、遍布全城的公共浴室和剧场等，娱乐休闲文化的高度发达既见证、象

文化的繁荣与国家或城市的兴衰并不必然正相关。

征着罗马帝国的伟大，但也无形中消磨着罗马人的进取意志，它把罗马鼎盛时期那种虎虎生气的文化价值追求削减掉了。这不能不说是其最后灭亡的一个内在原因。

罗马是古典城市的杰出代表，其突出成就曾经让罗马人引以为豪。

> 长期以来，中心广场、寺庙、教堂和清真寺附近是商人出售商品的最佳地点。……第一个巨型城市罗马淋漓尽致地发挥了城市的这种功能。罗马人吹嘘拥有当时世界上最大的购物广场、多层建筑梅尔卡图斯·特拉伊尼和罗马圆形大剧场，这是罗马城的娱乐场所，不论从规模还是性质上看，在当时是空前的。[1]

伟大的罗马城里流行的文化显然与众不同，这种文化本质上是消极、被动的，受物质欲望支配，浑身散发着诱人的媚惑。中国晚明时期的文化、南宋临安的文化乃至晚唐文化等都有类似特点，繁荣能消磨人的意志，昌盛也会导致国家或城市的精神崩塌。

其中的关键因素之一是这些繁荣的文化缺乏创新、智慧、包容、力量要素的支撑。

梁武帝萧衍多才多艺学识广博，经史著作、诗文才华、音乐、绘画、书法、棋艺俱佳，在梁武帝的影响和提倡下，梁朝文化事业的发展达到东晋以来最繁荣的阶段。正如《南史》作者李延寿评价说："自江左以来，年逾二百，文物之盛，独美

古罗马，人们信奉"打猎、洗澡、游戏、找乐子——这就是人生"的生活哲学。

那种怡然自得的苟安心态，那种人为的懒怠所引起的文恬武嬉、不思进取，最终导致南宋的灭亡。

于兹。"但这种繁荣缺乏文化的灵魂。后世文人对齐梁诗的评价大约反映出这种文化繁荣的缺陷，如白居易就以为其"嘲风月，弄花草"。梁武帝的诗歌中多"儿女情语""神仙道气"，少"风云之气"，少言志述怀、积极进取之作，说明梁朝的文化繁荣的力量支撑不足，梁武帝饿死台城正是这种文化繁荣合乎逻辑的注脚。刘禹锡当年在台城抚今追昔的诗句，至今令人唏嘘不已：

> 台城六代竞豪华，
>
> 结绮临春事最奢。
>
> 万户千门成野草，
>
> 只缘一曲后庭花。

奢靡豪华、荒淫享乐的文化是六朝最后灭亡的根本原因。

唐后主李煜艺术才华非凡，精书法善绘画通音律，尤其是在词作方面给后人留下许多惊天地、泣鬼神的一流佳作，可谓是一代词宗。但其在位十五年，不修政事，屈辱苟安，沉湎于奢靡娱乐的宫廷生活中，其作品风格缠绵悱恻，特别是其前期词作多风花雪月的事实，也表露出其亡国的文化征兆。

隋炀帝杨广是一位有成就的诗人和独具风格的散文家，他开创科举，藏书事业发达，在文化设施、文化制度等建设上有诸多开创之功，但其宫殿苑囿、离宫别馆布置奇巧，穷极华丽，常在月夜带宫女数千人骑马游西苑，令宫女在马上演奏《清夜游》曲，弦歌达旦。为夸耀国家富强，每年正

梁朝的文化繁荣的力量支撑不足，梁武帝饿死台城正是这种文化繁荣合乎逻辑的注脚。

月当少数民族和外国首领、商人聚集洛阳时，命人在洛阳端门外大街上盛陈百戏散乐，戏场绵亘八里，动用歌伎近三万人，乐声传数十里外。此种不可不谓繁荣的文化，却维持不了隋室之存。

卜正民：《纵乐的困惑：明代的商业与文化》——对明代社会匠心独运的解读。

宋徽宗赵佶，自创"瘦金体"，是古代少有的艺术天才与全才，其酷爱艺术，在位时将画家的地位提到中国历史上最高位置。个人卓越的文化成就及其对文化艺术的重视，也改变不了宋徽宗被囚禁五国城的命运，以及时人章惇"端王轻佻，不可以君天下"，元人脱脱"诸事皆能，独不能为君耳！"的评价，更重要的是，靖康之耻，北宋灭亡。

这些史料说明，君王个人的文化成就乃至其营造的文化繁荣未必就能支撑起一个强大的国家。因为，他们所营造的是一种自我消弭性文化。

自我消弭性文化的第一个特征就是，追求休闲、娱乐，崇尚奢华的物质享受。

自我消弭性文化的这种冲动，在晚明时期以极其复杂的形式表现出来。如加拿大学者卜正民教授在《纵乐的困惑：明代的商业与文化》一书中曾经这样描绘："热切的士绅们急不可耐地在衣着样式上与生产和消费服装的周围商业环境趋同"；[2]"在明朝前期只流传于极少数的精英人物中间的具有文化意蕴的物品，如古董、字画，被大量地带到了道德真空地带的金钱世界。这些物品向应邀前来参观或使用的人们展示着收藏者的独到鉴赏力和不俗的文化品位";[3] "在明朝的城镇里，任何一个有一点钱的男性都可以买到女性的性服务"，[4] "玩弄幼童的性享乐是众所周知的事情，不是什么秘而不宣的隐蔽事"。[5] 明朝的崩塌与这种自我消弭性文化的存在不能说没有关系。

伦理学家萨尔维安抱怨说："罗马人死期将至，还在开怀大笑。"

同样的场景也出现在南宋的临安。临安当时是全国的政治经济中心，两宋之际及其后百余年的移民过程、商业的繁荣、手工业的发达等因素的推动，也使临安成为全国的文化中心，并形成了空前发达的娱乐文化，歌舞、百戏、曲艺和戏剧等娱乐活动丰富多彩，茶肆、酒楼、妓院，以至整个西湖及其中的游船都成为固定的娱乐活动场所，文化与商业活动的融合也达到很高水平，"瓦子""勾栏"等商业性娱乐市场应运而生。如《梦粱录·武林旧事》记载，"歌管欢笑之声，每夕达旦"，"诸色伎艺人"共53种。

问题的关键在于，繁荣的文化与崇尚奢侈的生活方式走在了一起。时人吴自牧在《梦粱录》中说："杭城风俗，畴昔侈靡。"[6] "临安风俗，四时奢侈，赏玩殆无虚日。"[7] 无论阴晴雨雪，一年四季瓦舍勾栏内观众如潮，市民往往终日游玩，通宵不眠。即使是贫穷的市民也要"解质借兑，带妻挟子，竟日嬉游，不醉不归"。[8] 不仅如此，"大贾豪民，买笑千金，呼卢百万"。[9]

时人林升《题临安邸》正是对这种文化的追问与批判。

山外青山楼外楼，

西湖歌舞几时休？

暖风熏得游人醉，

直把杭州作汴州。

此情此景也不能不让人联想起杜牧的《泊秦淮》：

烟笼寒水月笼沙，

夜泊秦淮近酒家。

商女不知亡国恨，

隔江犹唱后庭花。

声色歌舞、纸醉金迷的生活与晚唐的衰败相互印证。

回到罗马，当气势恢宏的娱乐场所与奢靡的生活方式结合在一起时，无论如何也支撑不了罗马的繁荣。乔尔·科特金在《全球城市史》中这样记载：

> 在政府举办的挥霍无度的娱乐活动中，罗马的中产阶级和劳动阶层渐渐迷失了自我。多数罗马人把他们的闲暇时光消磨在珍禽异兽展览、残忍的角斗士表演和剧院演出中。伦理学家萨尔维安抱怨说："罗马人死期将至，还在开怀大笑。"[10]

《梦粱录·武林旧事》记载，"歌管欢笑之声，每夕达旦"，"诸色伎艺人"共 53 种。

奢靡的生活方式和城市文化是罗马衰亡的重要原因，但如果我们仅仅停留在淫荡纵欲和饕餮暴饮的表象分析上，就会失之浅薄。这是因为，自我消弭性文化的第二个特征是，它往往存在于对既往成就的仰慕之中，对创造与创新失去兴趣。

一些历史学家更倾向于从经济上寻找罗马帝国衰亡的症结。如罗伯特·E. 勒纳等人在《西方文明史》中分析认为：

> 罗马文明是建立在城市基础上的，而罗马城市的生存在很大程度上是凭借着奴隶生产出来的农业剩余产品。……罗马没有产生任何技术进步的事实，或许也应归咎于奴隶制度。后来西方历史上农业的剩余生产依赖于技术革新，而罗马地主则对技术漠不关心，因为对技术感兴趣被视为有失身份。……地主们的兴趣只在"高尚的事情"上，以表明他们的高贵，但正当他们对这些高尚之事苦思冥想之际，他们的农业剩余已经逐渐消耗殆尽了。[11]

罗马人并没有理解希腊精神的精髓，反而迷恋上了希腊化时期兴旺的中产阶级习惯与奢华的物质享受的生活方式。

实际上，问题也远远没有这么简单，经济问题的背后更深层次的原因还是在文化上，对技术漠不关心、视"高尚的事情"为高贵，还有别的因由。罗素在《西方哲学史》中曾经分析指出：

> 当罗马人最初与希腊人相接触的时候，他们就察觉到自己是比较野蛮的、粗鲁的。希腊人在许多方面要无比地优越于他们……罗马人唯一优越的东西就是军事技术与社会团结力……终于，罗马在文化上就成了希腊的寄生虫。罗马人没有创造过任何的艺术形式，没有形成过任何有创见的哲学体系，也没有创造过任何科学的发明。他们修筑过很好的道路，有过有系统的法典以及有效率的军队。但此外的一切，他们都唯希腊马首是瞻。[12]

　　问题是，罗马人并没有理解希腊精神的精髓，反而迷恋上了希腊化时期兴旺的中产阶级习惯与奢华的物质享受的生活方式。对于公元前 4 世纪以后在希腊一些较繁荣的城市中已经普遍化了的这种生活习惯，刘易斯·芒福德在《城市发展史》中有过这样的描述：

刘易斯·芒福德：《城市发展史——起源、演变和前景》——一部远远超过自古至今历代城市文化研究的杰出著作。

　　　　同时代的人们抛弃了粗鲁的乡村习俗，喜欢起香水、小艺术品，如塔那格拉优美的人像，以及丰盛讲究的佳肴了……他们以此类精致优美的小玩意儿慰藉自己政治生活上的空虚，渐渐地丧失了为自由而斗争的意志，也丧失了这一斗争应有的目的和激情；他们只有靠消费更多的用金钱可以买得到的商品来掩饰自己生活的无聊，精神的空虚，道德上的愚钝，以及内心的惶惑。[13]

　　这为罗马文化种下了自我消弭的基因。自我消弭性文化的第三个特征则表现为，缺乏催人奋进的理想，人们在空虚、无聊和迷信中寄生生活。

　　根据刘易斯·芒福德在《城市发展史》中的统计，截止到公元 354 年，罗马全年举办运动会的日子多达 175 天，几乎是克洛底乌斯朝代的两倍，而社会节假日的总数则达 200 天，或达半年以上。[14]

　　　　从古代共和制城市那种积极、有效的生活逐步转变成统治全城的消极、寄生生活，虽则经历了几百年的时间，但终究，观看各种盛大表演，陆上的和水中

伏尔泰：《风俗论》——
对西方文明和非西方文
明没有偏见的纪念碑式
研究。

的，人类的和兽类的，却成了罗马市民们生活中的主
要内容，其他一切活动都是直接或间接为这一中心内
容服务的。[15]

在这种寄生生活中，罗马人始终没有形成共同的理想。

很少有人愿意为公众利益而努力工作。……三世
纪时的罗马帝国没有形成一个共同的公民理想。……
地区的差异，公共教育的匮乏，以及社会的分层则进
一步阻碍了统一的公众精神的形成。在帝国崩溃时，
新的理想确实出现了，但那些是宗教上的有关来世的
理想。最终，与人们的漠不关心相伴随的是罗马的衰
亡，罗马世界则在人们的唏嘘声中，而不是在猛烈打
击之下，缓慢地走向末日。[16]

在这种没有理想的寄生生活中，整个社会失去理性，迷失
在无处不在的迷信之中。伏尔泰在分析古罗马的衰亡时指出：
"人们只关心两件事：竞技场的角逐和上帝的三位。"[17]

人们失去了理性，沉迷于最卑怯、最荒唐的迷信
行为。这些迷信行为愈演愈烈，以至于僧侣成为领主
和王公。[18]

问题的关键在于，自我
消弭性文化缺乏支撑城
市发展的可持续动力，
其对社会的价值引导和
对城市的精神指引均具
有线性特征。

自我消弭性文化的形成有不同的背景，不一定是道德沦丧
的产物，但往往与社会的商业化相关。如加拿大学者卜正民教
授在《纵乐的困惑：明代的商业与文化》一书中，谈到明朝后
期人们追逐时尚的热情时说：

它是商业化的简单后果，这时无数的新富起来的人在追求社会地位；有更多的价值高昂的东西出卖，有更多的人能买得起这些贵重物品，有更多的对原有的社会地位标志的可靠性的忧虑和不安。这就是人们时尚追求的完美构成。[19]

问题的关键在于，自我消弭性文化缺乏支撑城市发展的可持续动力，其对社会的价值引导和对城市的精神指引均具有线性特征，单一、方向性错误，加上缺乏批判和自我矫正能力，导致的是简·雅各布斯在《集体失忆的黑暗年代》中所说的那种"集体遗忘"和对自身"内在的攻击""内在的腐烂""致命的文化转折"，注定只能走上失败之路，加速自身和城市的衰亡。

注释

[1]〔美〕乔尔·科特金:《全球城市史》，王旭等译，社会科学文献出版社，2010，第232页。

[2]〔加〕卜正民:《纵乐的困惑：明代的商业与文化》，方骏等译，生活·读书·新知三联书店，2004，第253页。

[3]〔加〕卜正民:《纵乐的困惑：明代的商业与文化》，方骏等译，生活·读书·新知三联书店，2004，第256～257页。

[4]〔加〕卜正民:《纵乐的困惑：明代的商业与文化》，方骏等译，生活·读书·新知三联书店，2004，第266页。

[5]〔加〕卜正民:《纵乐的困惑：明代的商业与文化》，方骏等译，生活·读书·新知三联书店，2004，第269页。

[6]（宋）吴自牧：《梦粱录》，浙江人民出版社，1980，第 1 页。

[7]（宋）吴自牧：《梦粱录》，浙江人民出版社，1980，第 27 页。

[8]（宋）吴自牧：《梦粱录》，浙江人民出版社，1980，第 8 页。

[9] 周密：《武林旧事》卷三《西湖游幸》。

[10]〔美〕乔尔·科特金：《全球城市史》，王旭等译，社会科学文献出版社，2010，第 51 页。

[11]〔美〕罗伯特·E. 勒纳、斯坦迪什·米查姆、爱德华·麦克纳尔·伯恩斯：《西方文明史》，王觉非等译，中国青年出版社，2010，第 193 页。

[12]〔英〕罗素：《西方哲学史》（上卷），何兆武、李约瑟译，商务印书馆，1963，第 350 ~ 351 页。

[13]〔美〕刘易斯·芒福德：《城市发展史——起源、演变和前景》，宋俊岭、倪文彦译，中国建筑工业出版社，2004，第 203 页。

[14]〔美〕刘易斯·芒福德：《城市发展史——起源、演变和前景》，宋俊岭、倪文彦译，中国建筑工业出版社，2004，第 247 页。

[15]〔美〕刘易斯·芒福德：《城市发展史——起源、演变和前景》，宋俊岭、倪文彦译，中国建筑工业出版社2004，第 247 页。

[16]〔美〕罗伯特·E. 勒纳、斯坦迪什·米查姆、爱德华·麦克纳尔·伯恩斯：《西方文明史》，王觉非等译，中国青年出版社，2010，第 194 页。

[17]〔法〕伏尔泰：《风俗论》（上册），梁守锵译，商务印书馆，1996，第 301 页。

[18]〔法〕伏尔泰：《风俗论》（上册），梁守锵译，商务印书馆，1996，第 308 页。

[19]〔加〕卜正民：《纵乐的困惑：明代的商业与文化》，方骏等译，生活·读书·新知三联书店，2004，第 251 页。

7

创 新

INNOVATION

创新型文化是一切新兴城市共同的文化特色，也是有着远大抱负的城市必然推崇的一种文化特色。

创新是一个民族进步的灵魂，也是一个城市充满活力、可持续发展的动力之源。城市之间的竞争与较量，在很大程度上依赖于各自的创新能力，创新能力强，则能领先一步，并在竞争中处于有利地位；创新能力弱，则容易自我停滞，在竞争中处于不利的、被动的地位。

英国学者罗伯特在《世界城市文化报告 2012》中指出：

> 世界城市是富有活力、总在变化；文化就像牡蛎中的沙砾（因此最终会变成珍珠）。伟大的城市不再是一个结果，而是一个过程，并且能够再造自身。新人的不断涌入给世界城市带来新的理念和人才，这种变化的过程对于世界城市的未来至关重要。在城市之间、产业之间、正式和非正式的文化之间、以盈利为目的和不以盈利为目的的活动之间，创造新的联系的能力是城市可持续发展的关键要素。城市面临的挑战就是要理解这个城市所产生的文化变动不居的本质，并培育文化的成功。[1]

"创新就是创造出原本不存在的事物，或者修改已经存在的事物。"

创意城市之父查尔斯·兰德利也指出：

> 对城市，特别是世界性城市而言，要在 21 世纪取得繁荣与发展，就需要形成一种创造性文化——这就是，在你的世界正经历认知转变的时候，你拥有从新的角度重新思考问题的能力。[2]

这种创造性文化就是一种创新型文化。

创新与好奇心、想象力、创意和发明等密切相关，其核心特质包括：以开放的思维解决问题的能力；勇于承担智识风险、尝试以新的方式探讨问题、具有实验的精神；具有反思与不断学习的能力。对创新较为狭义的理解则认为：创新不同于创意，"创意就是利用现有想法产生新的想法"，"创新就是创造出原本不存在的事物，或者修改已经存在的事物"。[3]

创新型文化与守旧型文化相对立。守旧型文化较看重文化积淀，固守于传统，膜拜于积淀，漠视甚至压制文化创新，忽略文化的变化活力和创造力。而创新型文化是一切新兴城市共同的文化特色，也是有着远大抱负的城市必然推崇的一种文化特色。没有这种远大抱负，没有文化自觉，城市发展就可能会堕入文化积淀论的窠臼，只能被动地依赖于慢慢积累形成文化，而这种积淀形成的城市文化反过来又会造成思想樊篱、自我局限。文化积淀对于形成特定的文化民俗、文化遗产乃至文化精神有着重要作用，文化积淀论的错误在于，把"积淀"之于文化的作用绝对化，认为"积淀"是文化发展的唯一途径，也是评判文化优劣的唯一标准，从而把传统作为唯一的文化遵从，看不到文化流动所造成的恣肆纵放、丰富多彩所爆发的惊人活力。

如雅斯贝斯在其"轴心期理论"中认为，不能把轴心期这个跨越世纪的发展时代看作是一个简单的上升运动。"它是一个既创造又毁灭的时代"，"当这一时代丧失其创造力时，三个文化区[4]就都出现了教条僵化和水平下降"。[5]

文化积淀论的错误在于，把"积淀"之于文化的作用绝对化。

创造新的联系的能力是城市可持续发展的关键要素。

雅斯贝斯在强调中国文化的贡献时注意到，在轴心期后的世界历史结构中，"轴心期的创造性时代之后是剧变和文艺复兴；直至公元 1500 年，当欧洲迈出其前所未有的步伐时，中国和印度却准确地同时进入了文化衰退"。[6]

创新型文化的基本精神是批判精神。

究其原因，雅斯贝斯在比较中国、印度和西方的区别后特别指出：

> 中国和印度总是在延续它们自己的过去时存活。……西方占用、研究和改变了外国的来源。在特定的时刻，将其自身的创造力输入到从外国来源接收过来的连续性中去。[7]

正因为如此，轴心期的创造性在西方得到了延续，在东方则走向衰微。雅斯贝斯进一步认为：

> 自从西庇阿时代以来，人文主义成了文化意识的一种形式，它变换曲折地贯穿了直至今天的西方历史……然而，文化一元形式的倾向并不像中国儒教中大量发生的情况那样，致使精神生活变成了静止干瘪的木乃伊。西方有不断的突破。在突破中，各种各样的欧洲民族轮换地拥有其创造时代。然后，从突破中，欧洲整体获得了它的生命。[8]

创新型文化与创意阶层相辅相成。

因此，一个国家或城市如果自觉地选择创新型文化而不是守旧型文化，就会具有强大的爆发能力，造就文化发展奇迹。反之，这个国家或城市的文化就会走向衰落。

创新型文化的基本精神是批判精神。批判精神的实质，就是敢于对传统和现实说"不"。任何一种新观念、新文化的产生都意味着对传统和现存理论或方法的解构和再诠释，新观念、新文化的产生往往是一个颠覆过程。建构新的观念、新的文化因而需要足够的理论勇气和创新精神，要敢于挑战权威，敢于提出新的理念，敢于创造新的方法。实际上，批判作为一种"建设性的争执"已经成为创新的一种必要程序，新观念、新文化、新思想和新方法的产生绕不过这座渡桥。创新理论创始人约瑟夫·熊彼特认为，创新活动之所以发生，是因为企业家精神的存在。"典型的企业家，比起其他类型的人来，是更加以自我为中心的，因为他比起其他类型的人来，不那么依靠传统和社会关系；因为他的独特任务——从理论上讲以及从历史上讲——恰恰在于打破旧传统，创造新传统。"[9]熊彼特所说这种企业家精神就是典型的创新精神，其中特别强调的是"打破旧传统，创造新传统"的能力。查尔斯·兰德利也认为："从历史角度来看，使城市命脉得以存续的，正是能挑战传统界限的创意。"[10]

约瑟夫·熊彼特：《经济发展理论》——创新理论之源。

创新型文化与创意阶层相辅相成。1992年，当微软在世界500强中首次超过通用电气的时候，《纽约时报》评论说，微软的唯一工厂资产是员工创造力。理查德·佛罗里达则注意到，当代社会，知识和创意或者人力资本或人才正在替代传统的自然资源和有形劳动成为财富创造和经济增长的主要源泉。美国的社会阶层构造发生了主要变化。除了劳动阶层、服务阶层以外，一个新的阶层在悄然兴起，那就是创意阶层或创造阶

查尔斯·兰德利：《创意城市——如何打造都市创意生活圈》——让我们明白创意及文化对于城市再造为何如此重要。

层。属于创造阶层的人们从事各种不同的行业，但其中一个共同点就是他们经常会有创新的想法，发明新的技术，从事"创造性"的工作。与劳动阶层和服务阶层不同，创意阶层更加自主灵活，在工作中充分发挥个人的创造性，进行各种新的尝试。创意阶层是创新型文化的创造主体，创新型文化凝聚创意阶层。

创新型文化需要创新氛围支撑。这里所说的"创新氛围"不仅是指"鼓励创新，宽容失败"的舆论环境，还包括查尔斯·兰德利所提出的关于"创新氛围"或"创意氛围"的四大结论性意见：第一，"城市要维持未来的创新地位，就需要在知识、文化、科技、组织等所有层面，而不仅只是其中的一个层面，保持创意与创新"；第二，"在城市背景下，需要将创意与创新视为一种全盘性、整合性的流程，这一流程涵盖了经济、政治、文化、环境、多元社会创新的每个层面"；第三，"有必要强调'较软性'的新型创意与创新，巩固城市身为包容、开明环境的角色"；第四，"许多崭新的创意、创新城市，都在全神贯注地经营高质量生活"。[11] 所以，培育和支撑创新型文化的"创新氛围"是一种融入城市血脉的社会评价机制，是一种系统的制度安排，也是一种战略层面的城市发展理念。

发展创新型文化必须保持文化创新的能力，新观念、新制度、新技术，是创新型文化的集中体现。

一是在精神文化层面的观念创新。创新型文化的实质是观

判断一种文化的制度创新能力，是判断一种文化成熟与否、先进与否的重要标准。

念创新，展现的是观念的力量。观念的创新不仅仅是风尚的演变，更是价值的流变。一种城市要想保持活泼的生命力，要保持文化的辐射力，就必须要有观念创新的能力，并通过观念创新，形成文化发展的领先优势。最典型的例子莫过于历史上法国的巴黎和意大利的佛罗伦萨。巴黎之所以受到尊重，最重要的是她曾经作为欧洲乃至世界思想文化的中心，是启蒙运动和人文精神的历史重镇，伏尔泰、卢梭以及百科全书派思想家们所阐述的天赋人权、社会契约思想和"自由、平等、博爱"理念，以及《拿破仑法典》所体现的现代民主法制精神，成为全人类的共同文化遗产。14、15 世纪的佛罗伦萨，由于远离中世纪黑暗宗教神学的长期禁锢，使其能够成为文艺复兴的发源地和主导者，用人文主义观念的号角唤醒在古堡中沉睡的欧洲，成为"文艺复兴之城"，揭开了近代欧洲历史的序幕，带动了欧洲文明乃至人类文明的发展。

　　二是在制度文化层面的体制创新。制度包含一种文化处理人和人、人和事、人和自然等关系的基本理念和基本能力。无论是观念变迁，还是行为变动，最终都要在制度层面上加以落实。制度创新最能反映一种文化自我管理、自我调整的能力，而制度创新也是观念创新、行为创新的根本所在。因此，判断一种文化的制度创新能力，是判断一种文化成熟与否、先进与否的重要标准。作为一种以倡导创新、激励创新为取向的文化形态，创新型文化必须在制度创新中实现并得到巩固，以建立创新的体制机制。以世界上善于制度创新的美国为例，其根源可以追溯到《"五月花号"公约》。1620 年 11 月 11 日，经过

创新型文化需要创新氛围支撑。

要保持文化的辐射力，就必须要有观念创新的能力。

巴黎之所以受到尊重，最重要的是她曾经作为欧洲乃至世界思想文化的中心，是启蒙运动和人文精神的历史重镇。

海上 66 天的漂泊后，"五月花"号上 102 名到北美大陆的先驱者们，共同签署了一份公约，目标是建立清教徒式理想社会的"山巅之城"。这份公约宣称：自愿结成民众自治团体，并保证遵守和服从将来颁布的对他们全体人"最适合、最方便的法律、法规、条令、宪章和公职"。这是美国历史上第一份重要的政治文献，字数寥寥，但其重大意义却可与英国《大宪章》、法国《人权宣言》相媲美。美国后来的《独立宣言》正是在此基础上而制定，信仰、自愿、自治、法律……这些关键词几乎涵盖了美国立国的基本原则，奠定了几百年的根基，今天美国总统宣誓就职时依然是手按《圣经》，向全体公民保证遵从和信守宪法与法律。

三是在物质文化层面的技术创新。现代文化生产已经在相当程度上依赖于科技的开发和高新技术成果的运用，因此，文化科技创新能力的强弱将直接影响到现代文化生产的质量与水平。创新型文化，在当今世界尤其集中表现在科技发明和艺术设计上，是文化创意和科技创新最佳结合的范例。文化与科技的互动是人类社会文明演进的主旋律，科技创新和文化创意是创新型文化最鲜明的特质，是城市发展的"车之两轮""鸟之两翼"，也是工业城市重新焕发活力的动力源泉。如工业革命发源地的曼彻斯特、伦敦，都借助科技创新和文化创意，打破了经济衰落局面，实现华丽转身，成为有重要影响的全球文化中心城市。美国文化之所以能影响全球，特别是美国影视产品之所以能占领世界各地的市场，这与高新技术的运用有着重要的联系。中国文化生产和制作相对滞后，一个根本原因就在于生产手段与方式的落后，要使文化生产水平得到提高，必须首先通过文化科技的创新，形成优势，特别是在数字技术、信息技术等现代高新技术成果的运用上领先一步。

当今时代是一个创新的时代，一批世界先进城市在其城市发展战略中无不优先考虑，要占领文化的制高点，要拼创意和创新，要建构在创新和创意方面具有国际竞争力的大都市。伦敦最先提出要维护和增强伦敦作为"世界卓越的创意和文化中心"的声誉，纽约将城市精神确定为"高度的融合力、卓越的创造力、强大的竞争力、非凡的应变力"，东京提出"从功能城市走向文化城市"和"从国际城市走向创意城市"的战略构想。

显而易见，21 世纪的城市竞争是基于创意和创新的一种博弈，成功的城市将是拥有创新型文化的城市。

科技创新和文化创意是创新型文化最鲜明的特质，是城市发展的"车之两轮""鸟之两翼"。

注释

［1］〔英〕罗伯特·保罗·欧文斯等：《世界城市文化报告 2012》，黄昌勇、侯卉娟、章超等译，同济大学出版社，2013，第 25 页。

［2］〔英〕查尔斯·兰德利：《作为创意城市的伦敦》，〔澳〕约翰·哈特利编著《创意产业读本》，曹书乐、包建女、李慧译，清华大学出版社，2007，第 194 页。

［3］联合国贸发会议主编《2010 创意经济报告》，中国社会科学院文化研究中心译，北京三辰影库音像出版社，2011，第 4 页。

［4］指中国、印度和西方——作者注。

［5］〔德〕卡尔·雅斯贝斯:《历史的起源与目标》，魏楚雄、俞新天译，华夏出版社，1989，第12页。

［6］〔德〕卡尔·雅斯贝斯:《历史的起源与目标》，魏楚雄、俞新天译，华夏出版社，1989，第66页。

［7］〔德〕卡尔·雅斯贝斯:《历史的起源与目标》，魏楚雄、俞新天译，华夏出版社，1989，第71～72页。

［8］〔德〕卡尔·雅斯贝斯:《历史的起源与目标》，魏楚雄、俞新天译，华夏出版社，1989，第72页。

［9］〔美〕约瑟夫·熊彼特:《经济发展理论》，何畏、易家详等译，商务印书馆，1991，第102页。

［10］〔英〕查尔斯·兰德利:《创意城市——如何打造都市创意生活圈》，杨幼兰译，清华大学出版社，2009，第51页。

［11］〔英〕查尔斯·兰德利:《创意城市——如何打造都市创意生活圈》，杨幼兰译，清华大学出版社，2009，第207～208页。

8

智 慧

WISDOM

维柯:《新科学》——诗性智慧的颂歌。

任何具有生命力的文化，必然是充满智慧的文化。历史哲学和近代社会科学重要奠基人维柯说："智慧是一种功能，它主宰我们为获得构成人类的一切科学和艺术所必要的训练。"[1]美国著名哲学家怀特海也曾说，一个民族，只有热爱智慧，才能获得智慧，凡是不重视智慧培育的民族，是注定要消亡的。一个城市的智慧水平，不仅决定了这座城市所能达到的文化高度，而且也决定着其文明程度的高低。智慧型文化是城市凝聚力和城市人文精神的重要体现，是一个城市充满生机活力，创造新的传统、活的文化的重要表征。构建一个科学、人文精神浓厚的学习型、智慧型社会，成为当今城市的普遍共识和自觉追求。

智慧是人类共同追求的目标和境界。东西方文化中对智慧的理解有相通之处，如梵语中的"般若"即"智慧"，指超越世俗虚幻的认识，达到把握真理的能力；古希腊哲学家赫拉克利特则称"智慧就在于说出真理"。古代中国对智慧的理解与古希腊有较大差异，人们往往赋予智慧更多"道德"意义，也更多指人生智慧或治理国家的智慧。

古希腊的智慧观经过荷马时代、古风时代、古典时代和希腊化时代的发展，形成了多层次的丰富内涵。其中最有代表性和创造性的观点有：赫拉克利特认为，"爱智慧的人必须熟悉很多很多东西"，但"博学并不能使人智慧"。[2]苏格拉底提出，"德性即智慧"，"知识即智慧"。柏拉图将智慧列为希腊城邦四大美德之首，认为"智慧就在于真实的思想"，理智是智慧的。亚里士多德则认为，智慧高于技术和科学，"智慧是知识与理智的结合"。[3]

古希腊人对智慧的追求深刻影响着人类的思想，因为"爱智慧"，"哲学"应运而生。正是因为对智慧的探究精神反映于希腊精神生活的各个方面，理性代替了幻想，智慧代替了想象，哲学得以产生。

在东方，老子认为人的智慧在于合"道"。何为"道"呢？老子说："上善若水，水利万物而不争，处众人之所恶，故几于道。"儒家也把智慧与水联系起来，说"智者乐水"。这种"道法自然"的智慧，超越一切思维定式和习性滞碍，使人成为真正的自由解放者，从而成为超常、创新的不竭源泉；这种"道法自然"的智慧，使人成为一切自然力和必然力的驾驭者，从而获得"无为而无所不为"的无限力量。

古希腊智慧观与东方智慧观一道，成为我们今天思考智慧型文化的重要思想来源。

智慧型文化是一种相对于蒙昧、盲动的文化形态，它的一个基本特征就是崇尚知识。

人类自走出蒙昧的初期就一直崇拜知识的力量，如苏格拉底一直倡导"认识你自己"，认为人之所以有智慧，是因为他们有知识，主张"知识即智慧"。即便是在欧洲中世纪，也有托马斯·阿奎那对知识的经典颂赞：除了知识和学问外，没有任何东西能在人的灵魂和精神中，在他们的认知、想象、观

古希腊哲学家赫拉克利特则称"智慧就在于说出真理"。古代中国对智慧的理解与古希腊有较大差异，人们往往赋予智慧更多"道德"意义。

点和信仰中，建立起至高无上的王者统治。弗朗西斯·培根也说，知识就是力量。

随着 20 世纪八九十年代全球经济一体化步伐的加快和现代信息网络技术的发展，继农业经济和工业经济以后，诞生了建立在知识和信息的生产、分配和应用之上的新型经济。城市决策者和城市管理者越来越清晰地认识到，只有强化"以知识为基础"的"知识城市"建设，才能促使城市全面升级，赢得竞争的主动权和保持城市的可持续发展。知识城市作为一种全新的城市可持续发展理念进入国际城市发展的视野，并作为一种全新的城市发展战略为世界所认同。在世界各国，越来越多富有活力和创新性的城市将知识城市作为其核心发展战略。

知识是国家或城市创新的源泉，也一直是国家或城市智慧的重要基础，以知识为基础的发展战略正在不断创造着国家或城市进步的新经验，为智慧型文化创造条件，提供内容，形成支撑。

当然，知识不等于智慧，智慧高于知识，没有智慧引领的知识，只能是一堆沉重的包袱，松散、沉闷、无神。智慧也与聪明有别，聪明不分是非好恶，是一种工具层面的思维技巧或灵活的思维反应，智慧则与高尚的道德修为和强烈的正义感本质相关，且往往具有"大智若愚"的特点，思想深邃，高瞻远瞩。

知识城市作为一种全新的城市可持续发展理念进入国际城市发展的视野，并作为一种全新的城市发展战略为世界所认同。

智慧型文化以追求理性为旨归，张扬的是人的理性。这是
智慧型文化的最重要特征。

理性作为智慧型文化的关键词，首先代表着一种未来导向
的文化心态。雅各布斯引用阿姆斯特朗的观点指出，信奉"理
性"和信奉"神话"是两种不同的导向。

简·雅各布斯：《集体失
忆的黑暗年代》——对人
类文明兴衰的典范观察。

> 文化惧外主义往往是社会自文化强势转为衰败之
> 后续。有人很恰当地称这种主动自加的隔绝为堡垒心
> 态。阿姆斯特朗视之为从信奉"理性"（logos）转至
> 信奉"神话"（mythos）：理性是一种未来导向的心
> 态，"永远追寻着以期了解更多，并扩展能力范围与
> 对环境的控制"；神话则是一种保守主义，总是回头
> 找寻基本教义信仰的引导，并引以为世界观。[4]

当我们从"理性"与"神话"对立的视角看历史时，对一
些历史的变迁或转折可能获得较为合理的解释。例如，贾雷
德·戴蒙德在分析新月沃地和中国为何先后失去对欧洲的巨大
领先优势时追问：

> 法斯科·达·伽马率领他的三艘不起眼的小船，
> 绕过非洲的好望角向东航行，使欧洲开始了对东亚的
> 殖民。为什么中国的船只没有在伽马之前绕过好望角
> 向西航行并在欧洲殖民？为什么中国的船只没有横渡
> 太平洋到美洲西海岸来殖民？简而言之，为什么中国
> 把自己在技术上的领先优势让给原先十分落后的欧

洲呢？[5]

戴蒙德在寻找这些问题的答案时，注意到 1433 年（明宣德八年）中国朝廷官僚两派党争导致船队出海远航的突然中断、船坞的拆除和远洋航运的禁止这一偶然因素的作用，以及中国长期统一和欧洲长期分裂的影响。

雅各布斯则从文化的角度做出反思，他认为：

> 中国的这个错误转折，固然看似偶发无常，却带来了丧失科技领先以及同时缩进堡垒心态的双重打击。在中国这个例子里，放弃"理性"而换得的"神话"就是儒家思想，它是远古一位圣人留传下来的智慧和社会遗产，中国人认为它蕴涵了待人接物处世行为所需的全部准则。[6]

雅各布斯的这些话语，对我们在发展智慧型文化中如何处理传统文化，以及确定文化发展的取向等方面可以引发发人深省的思考。

理性作为智慧型文化的关键词，其内涵中既包括工具理性，也包括价值理性。

一是工具理性。自启蒙运动以来，"理性"伴随着西方社会全方位的发展过程。马克斯·韦伯对理性问题进行了深入的研究，理性构成了其科层制理论以及基督新教与儒教、道教进行比较的核心概念和立论基础。韦伯认为，工具理性的到来是

在中国传统文化中，历史上曾一直存在着重视价值理性而轻视工具理性的倾向，重视关于道德价值的知识，轻视工具意义上的科学技术。

在西方现代社会形式中，工具理性在文艺复兴和宗教改革后出现的现代科学技术乃至后现代主义文化形式中一直占据着主导地位。

历史过程的本身运动，资本主义现代化是一个不断理性化的过程，或者说是一个不断工具理性化的过程；它以工业革命和科学技术为代表性特征，通过工具理性促进现代经济和社会的发展。事实上，在西方现代社会形式中，工具理性在文艺复兴和宗教改革后出现的现代科学技术乃至后现代主义文化形式中一直占据着主导地位。工具理性作为人类理性的基本形式，从其实质上讲属于精神领域，是人类智慧型文化的重要内容。

工具理性属于外在的行动的智慧，主要体现为对技术产品的重视和偏好，反映人与物的关系，是智慧型文化的物质性、自然性内涵。智慧型文化崇尚知识和技术传统。在中国传统文化中，历史上曾一直存在着重视价值理性而轻视工具理性的倾向，重视关于道德价值的知识，轻视工具意义上的科学技术。中国传统文化这种以"求善"为旨趣的"伦理型文化"，与西方文化源头之一的古希腊以"求真"为目标的"科学型文化"路数不同。在现代化的过程中，张扬工具理性，弘扬科学精神，推动传统文化的现代性转型，已经成为大家的共识。

二是价值理性。这属于内在的心灵智慧，主要体现为对社会精神和人类伦理的重视，是智慧型文化的精神性、社会性内涵。价值理性也是推动人类进步中造就重大发展变革的思想武器和伟大动力。法国哲学家孔多塞在《人类精神进步史表纲要》中指出，历史是人类理性觉醒的产物，是人类理性不断解放的过程。西方的文艺复兴、启蒙运动、宗教改革三大运动，强调人的主体性和理性，使人们对人和世界有了新的认识，并

> 理性作为智慧型文化的关键词，其内涵中既包括工具理性，也包括价值理性。

确立了近代社会的基本原则：以人为本，理性主义，宗教宽容。从此，欧洲迎来了新的思维方式，理性的人文精神成为近代西方工商业文明的文化基础。现代西方文明起步于 17 世纪的英国工业革命，但现代文明首先是文化价值观念的革命性变革所引发的，而文艺复兴时期的人道主义价值观乃是这场新文明运动的革命旗帜和理论先导。马克斯·韦伯提出的"诚实、守信、勤奋、节俭"的新教伦理精神培育了现代资本主义，这种新的价值理性对于资本主义趋利动力的导引，成为西方现代文明发展的重要精神力量。

在中国传统文化中，儒家讲天人、佛家讲色空、道家讲有无，儒家以执中贯一、佛家以万法归一、道家以抱元守一，无论是倡导积极入世的儒，还是出世的佛、超世的道，它们学说主张中的核心理念虽相互有别、各有所长，但若深究之，则相互间有共通之处，同声相应、同气相求，由此构建了中华文化传统中价值理性的最高原则，反映在中国人社会生活中各个方面。智慧型文化所展现的价值理性，一方面强调智慧文化作用于社会生活的重要性；另一方面，强调人不能完全物质主义，人要有净化灵魂的追求，强调那种内在的人格力量，要有对客观世界发展变化的高屋建瓴的认识。人之存于天地间，就如苏轼在《赤壁赋》中所言："盖将自其变者而观之，则天地曾不能以一瞬；自其不变者而观之，则物与我皆无尽也。"这实际上就是在探讨文化中的智慧问题。

人类文明对价值理性的追寻，在雅斯贝斯所称的"轴心

期"表现最为突出。在轴心期，东西方的圣贤们从不同的角度
对人类的地位和前途提出了独到的看法，形成了各自不同的文
化传统，深深地影响着人类的生活，逐步走出了不同文明的发
展道路，成为人类文化的主要精神财富。这些文化传统已经成
为人类文化的重要精神财富。

> 直至今日，人类一直靠轴心期所产生的思考和创
> 造的一切而生存。每一次新的飞跃都回顾这一时期，
> 并被它重燃火焰。[7]

儒家讲天人、佛家讲色空、道家讲有无。

在西方，古希腊的"理性"哲学思想与古代以色列诞生的
基督教"启示"传统，在中古欧洲汇流，构成了西方文明的主
体。经过顽强的努力，基督教渐渐占据了西方文明的主导地位。
历经文艺复兴、宗教革命、启蒙运动和工业革命，希腊文化、
基督教伦理、现代科学主义构成了现代西方文明的共同价值。

东方中国，古代中国的儒、道文化与佛教构成了东方文明
的主体。自东汉末年佛教传入中土，汉魏以降佛学与儒家和道
家经过"三家争胜"到"三教合一"交流、融合的历史嬗变，
终成中华传统文化之洋洋大观。经历"诸子蜂起，百家争鸣"，
儒家、道家、法家等传统完成奠基，后世传流的经典，大都于
这个时期整理、创制和成形，并出现第一个高峰。随后，"罢
黜百家、独尊儒术"确立儒家学说为主流，历经两晋玄学、隋
唐佛学、宋元明清的理学、心学、朴学竞相勃兴，儒家思想成
为中国社会长期以来的主流社会意识。儒家思想具有强烈的
人文主义色彩，强调人的价值，凸显人的主体性；强调"仁

理性的人文精神成为近代西方工商业文明的文化基础。

义礼智信"的核心价值；强调人"与天地合其德，与日月合其明，与四时合其序"，与自然万物相和谐。道家力倡"道法自然""法天贵真""回真返朴""致虚守静"，强调清静、无为、素朴、玄同等"圣德"而成至人真人，追求的也是人的自然本性的光大。佛家讲究缘起性空，初传入中国时，援引玄理玄智阐扬"佛性"，弘扬道体之根本的"般若"智慧（实质上也是讨论"人性论""心性论"）；至隋唐成为佛学在中国发展的黄金时代，发展创立了净土宗、天台宗、华严宗、唯识宗等不同宗派，并通过不断中国化的过程，直至唐代形成禅宗主流。宋代之后，佛学的闪光哲学思想被儒家广泛吸收，最终全面完成中华传统文化"三教合一"的重大思想融会工程。

可以说，儒释道在各自价值内核上的大体一致性，决定了它们之间的融合吸收过程。当然，其间的融会历程相当复杂和漫长，甚至还出现过互不相容的颉颃、争斗和反复，但在中国传统文化的人天关系、人性内在修炼、人生本原等根本问题上，儒释道三家逐步相互吸收、互证和融合，使儒家、道家与佛教文化的融会贯通成为必然。比如，儒家的"仁义礼智信"之五常，讲的是人以何为本；道家讲"道"的准则，所求"玄同于道"的人生智慧；佛学讲的崇尚光明、净化心灵、救世济民、普度众生，是教人解悟人生、处理人际关系的人生哲学和智慧，基本精神正是人的心性修养。正是儒释道三家在价值理性上的大致同一性，造就了中

正是儒释道三家在价值理性上的大致同一性，造就了中华传统文化重"人"性、重和合、讲求"天人合一"的基本特质，构成中国社会的普遍准则和价值理性传统。这是中国传统文化中的大智慧。

华传统文化重"人"性、重和合、讲求"天人合一"的基本特质，构成中国社会的普遍准则和价值理性传统。这是中国传统文化中的大智慧。

"与天地合其德，与日月合其明，与四时合其序。"

城市因为知识、理性而充满智慧，城市文化也因为智慧而充满力量。

注释

［1］〔意〕维柯:《新科学》(上册)，朱光潜译，商务印书馆，1989，第172～173页。

［2］〔古希腊〕赫拉克利特:《赫拉克利特著作残篇》，北京大学哲学系外国哲学史教研室编译《西方哲学原著选读》，商务印书馆，1981，第26页。

［3］〔古希腊〕亚里士多德:《大伦理学》，《亚里士多德全集》(第八卷)，徐开来译，中国人民大学出版社，1992，第289页。

［4］〔美〕简·雅各布斯:《集体失忆的黑暗年代》，姚大均译，中信出版社，2007，第16页。

［5］〔美〕贾雷德·戴蒙德:《枪炮、病菌与钢铁:人类社会的命运》，谢延光译，上海世纪出版集团，2006，第464页。

［6］〔美〕简·雅各布斯:《集体失忆的黑暗年代》，姚大均译，中信出版社，2007，第18页。

［7］〔德〕卡尔·雅斯贝斯:《历史的起源与目标》，魏楚雄、俞新天译，华夏出版社，1989，第14页。

9

包容

INCLUSION

包容是一种古老的人类智慧，浓缩人类对人与自然、人与社会、人与人之间关系的认识的精华，是东西方文化共同拥有的思想范式。

在中国，《周易》中说："地势坤，君子以厚德载物"，地势是顺着天的，君子效法地，增厚美德，包容万物，这是中国文化中包容意识的深刻表达。《国语·郑语》载史伯说"和实生物，同则不继"，《尚书·君陈》说"有容，德乃大"，《论语·子路》言"君子和而不同，小人同而不和"，《礼记·中庸》云"致中和，天地位焉，万物育焉"，佛家讲"无缘大慈，同体大悲""是法平等，无有高下"等等，与中国古人常说的"海纳百川，有容乃大"一样，处处散发出宽厚包容的精神。

"包容性"也是联合国千年发展目标中提出的观念之一。

在西方，"包容"的希腊语 stego，有"紧紧遮蔽""以遮掩来保护""维持""支持"的意思。14 世纪，"包容"一词就在法语里出现，本义是指对于某种自己不赞成的事物，出于宽厚、忍耐而表示容许、容忍，并不加以禁止、阻碍或苛求。《布莱克维尤政治学百科全书》对"包容"的解释是，指一个人虽然具有必要的权力和知识，但是对自己不赞成的行为也不进行阻止、妨碍或干涉的审慎选择；"包容是个人、机构和社会的共同属性"。[1]

在当代，1997 年印度学者克里斯南（G. S. Krishnan）基于印度实践提出包容式创新概念。2007 年亚洲开发银行首次提出"包容性增长"概念，2007 年 10 月世界银行发表《释放印

度的创新：迈向可持续和包容性增长》报告，"包容性"也是
联合国千年发展目标中提出的观念之一。从 2010 年开始，中
国政府大力提倡"实现包容性增长"和"包容性发展"，将
"包容性发展"理念纳入未来发展思路，倡导包容性发展，增
强内生动力已经成为当代中国重要的发展理念。

　　狭义的包容性发展包括发展主体的全民性、发展内容的全
面性、发展过程的公平性、发展成果的共享性等要求。广义的
包容性发展则主要包括，所有人机会平等、成果共享；各个国
家和民族互利共赢、共同进步；各种文明的互相激荡、兼容并
蓄；人与社会自然和谐共处，良性循环等。无论是哪种意义上
的包容性发展，其背后支撑都是包容型文化理念。

　　在文化上，联合国教科文组织的相关国际文书中形成了
一系列与包容相关的理念。1966 年联合国教科文组织大会通
过《国际文化合作原则宣言》，宣称"每一种文化都有必须予
以尊重和维护的尊严和价值"，"每一个民族都有权利和义务
发展自己的文化，而所有文化构成属于全人类的共同遗产的组
成部分"。鉴于全球化和世界网络的兴起，1995 年《关于宽
容的原则宣言》重新提出了"接受我们的差异"的问题。2001
年通过的《世界文化多样性宣言》宣称，文化多样性是"人类
共同遗产"，"在互信和互谅的气氛中尊重文化多样性、宽容、
对话与合作"是"国际和平与安全的最大保障"之一。

　　包容对人类发展之所以具有如此重要的意义，一方面是因
为不同文化的广泛存在，及其相关的文化模式、追求目标和

"每一个民族都有权利和
义务发展自己的文化，
而所有文化构成属于全
人类的共同遗产的组成
部分"。

包容型文化的关键词包括：开放、宽容、多样性和对话。

生活方式的异质性特征，其中特别是不同团体、群体或民族的集体记忆及价值观差异的客观存在。即使在当今全球化时代，这些异质性特征都没有因为经济和技术的强大力量而被同质化趋势消解，反而在层出不穷的地缘政治冲突中更加凸显。只有包容的精神及其思维方式，才是解开文化异质性死结的不二法门。

另一方面，包容精神的存亡与文化本身的兴衰休戚相关。如，中国文化强盛之时总是充盈着包容精神，先秦两汉与大唐盛世莫不如此。但当这种精神被遮蔽时，文化的力量就会随之散失。正如有学者指出：

> 宋元以来政治领域专制主义的成熟乃至趋于极致，逐渐侵蚀了包容性文化的根基，而代之以绝对主义的色彩。如果说董仲舒"罢黜百家、独尊儒术"的主张还只是专制主义在统治思想方面一元化的滥觞，而其后的千余年间统治阶级并未在文化领域的专制上表现出太强的积极意愿的话，那么随着宋代理学的盛行及其影响遍及整个汉字文化圈，整个政治体系对于多元文化的容忍度则确实在相当一段时间内不断降低。当封建专制主义迎来明清时代的历史最高峰时，也使中国文化的包容精神受到了最严重的抑制，文化体系与时俱进的活力最为萎靡，同时也是整个华夏文明开始逐渐落后于世界潮流之时。[2]

包容型文化是一种具有包容心态和性格的文化，其最基本内涵是认同不同的文化享有同等的发展机会和地位，这种文化有海纳百川的气度，更有厚德载物的襟怀。在文化心态上，既表现为对各种异质文化的兼收并蓄，表现为对人和事都没有排外意识，也表现为包容有差异的文化观念和思维方法，不打压观念上的新奇，不歧视生活方式上的独特。它永远不只主张一种东西存在，而排斥其他东西。某种时候，我们会看到，不明智的管理者采取强制性的手段，甚至是摧毁性的方式只允许一种文化行为存在，而将其他的文化都置于扼杀之列。这等同于政治上的专制暴君和战争中格杀勿论的鲁莽武夫，是非常愚蠢的。

包容型文化的关键词包括：开放、宽容、多样性和对话，这四种要素在包容型文化的形成中具有重要作用。

首先，包容型文化与开放是天然盟友。

一方面，开放的观念，开放的社会，开放的资源、要素、人才市场可以不断凝聚文化的能量；另一方面，开放的城市品格和良好的开放心态，可以为观念、文化、技术的交流提供自由的空间。开放的思想加上开放的市场和开放的社会，可以使一个国家或一个城市保持始终胜人一筹的智慧。奥巴马之所以自豪地称美国是"一个仅被自己想象力的边际限制的国家"，其中一个重要原因就是美国作为一个移民大国的开放性，开放使美国能够汇集全世界各种族的聪明才智，形成集体力量，这是一种典型的包容性力量。

中国文化强盛之时总是充盈着包容精神，先秦、两汉与大唐盛世莫不如此。但当这种精神被遮蔽时，文化的力量就会随之散失。

贝淡宁、艾维纳:《城市的精神》——对"全球化时代，城市何以安顿我们"的独到回答。

实际上，只有真正具有开放心态，一个国家或一个城市才能形成多元并存的文化格局，才能影响和塑造出具有宽容意识的国民或市民。开放的心态拒斥狭隘的地方主义，反对固守传统，不会崇拜历史积淀，使整个城市具有超强的文化适应能力，善于接纳各种外来文明，善于兼收并蓄、博采众长。各种文化、各种人群都能在一个具有良好开放心态和文化亲和力的城市找到适合自己的生存空间和生活天地，开放和亲和力打造出的不会是一种狭隘的地域文化，而是开放包容的多元文化。

其次，包容型文化具有良好的宽容意识。

宽容是一个几乎可以与包容相等同的概念，具有丰富的内涵。美国学者迈克尔·沃尔泽在《论宽容》一书中对宽容的解释是：

（1）对他者的开放和好奇；（2）愿意倾听和学习；（3）在这个光谱的更远处存在一种对差异的热情支持；（4）如果差别被看作在文化形式上代表了上帝的创造和自然界的伟大和多样性，这是审美认同；（5）如果差别被看作人类繁荣的必要条件，如自由派的多元文化主义论证的那样，这是功能性认同。[3]

宽容既表现为对各种异质文化的兼收并蓄，表现为没有排外意识，不打压观念上的新奇，不歧视生活方式上的独特，容忍和鼓励怀疑、批判、求异、创新等文化观念和思维方法。在创新的层面上，包容型文化特别表现为对失败的宽容。伏尔泰说，我不赞成你的观点，但我捍卫你说话的权利。这是对宽容的最精到的表达。

文化宽容的程度在相当意义上决定着社会发展和人类文明进步的水平。人类并不能时时做到宽容，如房龙所言：

> 从最广博的意义讲，宽容这个词从来就是一个奢侈品，购买它的人只会是智力非常发达的人——这些人从思想上说是摆脱了不够开明的同伴们的狭隘偏见的人，看到整个人类具有广阔多彩的前景。[4]

亨德里克·房龙:《宽容》——主张宽容异见的生花妙笔。

联合国教科文组织世界报告《着力文化多样性与文化间对话》认为不宽容的原因是因为文化定型观念的普遍存在。

> 定型观念是一个团体划分"异"己的方式，而且含蓄地肯定了自己的优越性。定型观念带来的危险是对话可能触及差异就骤然停止，而这种差异可能导致不宽容。[5]

再次，包容型文化坚定承认文化的多样性。

包容型文化的存在以承认差异为前提。文化之间确有差异，正因为有了差异，才会有丰富多彩的文化多样性，差异的直接结果就是多样性的新生。理查·威尔克在《学会在贝里兹本地化：共同差异的全球系统》一文中就说过：

> 这个崭新的全球文化系统促使差异的发生而不是压制它……全球化的结构，组织了所有的差异性，而

不是在世界各地复制出整齐划一的事物。[6]

好奇是"一种被差异触动的能力",是一种"主动开放",是一种"持续不断地发现","承认他人不是一个需要填补的真空,而是需要去发现的宝库"。

法国社会学家弗雷德里克·马特尔在分析谁将打赢全球文化战争时认为,"由于内外文化的多样性,美国才真正做到了自我更新"[7],文化的多样性成为美国文化在世界各地得以推广的巨大引擎。他感叹道:

> 美国不只是一个国家,也不单单是一个州,可以说是一个世界,至少是一个浓缩的世界。没有任何一个国家具有这样的多样性,也没有哪个国家——甚至欧盟27国也不能在这一点上宣称自己代表一个普遍意义上的民族。这一点最终解释了美国创意产业在文化与娱乐、主流与小众方面对世界的主宰,一种呈上升趋势的主宰。[8]

文化因多元而可爱,不因单一而高贵,尊重文化的多样化,百花齐放、百家争鸣,就可以让想象力和智慧充分迸发。多样性可以通过多种指标测量,根据佛罗里达的研究,同性恋人数指标、波西米亚人数指标、熔炉指标、多元组成指标等共同构成多样性指标。多样性有利于智慧的凝聚和成长,可以提高一个城市创造和吸引智慧的能力。一个城市的文化越具有多样性,对知识、创意和人才就越具有吸引力,就越能形成智慧、创新、城市与人之间的良性循环。

正是因为对差异和多样性的承认,包容型文化也是一种具有混杂特征的文化。混杂性融合不同的文化,以新形成的文化来抵抗旧的文化，并不断创造出不稳定的文化形态，即异质的、不连续的、革命性的文化形态。混杂性在文化流动中实现智慧的凝聚、碰撞与新生。在当代文化实践中，混杂以一种复杂的方式或模式持续存在并发挥着影响。例如，法国社会学家弗雷德里克·马特尔在解读《纽约客》时说：

> 它代表着"交叉"（类型的混合），悉心地破解着"主流"文化，它用人们喜闻乐见的方式论及精英文化或者高品位的文化，在这里被称作"雅文化"。在这座位于时代广场的大厦中，我们的确处在美国文化模式的十字路口，艺术与娱乐混合在一起，文化与商业的边界趋于模糊，风格类型的混合成为规范。[9]

弗雷德里克·马特尔：《主流——谁将打赢全球文化战争》——勾勒国际文化版图的竞争格局，深度揭示美国全球文化战略战术。

最后，也是最重要的一点是，包容型文化主张和重视文化间的对话。

包容并不是一个简单的多种文化的共存的过程，而是各种文化在好奇、倾听和对话中相互欣赏、相互学习、相互交流乃至相互吸收、相互交融的过程。

埃伯哈德在《通过文化间对话重新发现教育》一文中将能够倾听、对话和好奇视为跨文化的基本能力，其中，好奇是"一种被差异触动的能力"，是一种"主动开放"，是一种"持续不断地发现"，"承认他人不是一个需要填补的真空，而是需要去发现的宝库"。倾听是"有体验地产生共鸣"，是"体验另一种文化，接受其他文化的真理"。对话"天生就是发自

文化因多元而可爱，不因单一而高贵，尊重文化的多样化，百花齐放、百家争鸣，就可以让想象力和智慧充分迸发。

与他人和我们自己内部的共鸣"。[10]

关于文化间的对话，联合国教科文组织世界报告《着力文化多样性与文化间对话》指出三层具有指引作用的意思。

第一，"一切文化间对话应当依据的前提是，所有文化都是——而且始终都是——处于不断演变之中，而且是整个历史上外部和内部多重影响的结果。"[11] 这就是说，文化的流动性是文化之间可以对话的依据。

第二，"决定不同文化间对话成功与否的与其说是对他人的了解，不如说是灵活的认知、共鸣、减少焦虑和在不同参照体系之间转换的能力。"[12] 这就是说，相互理解的能力决定文化间对话的成功率。

包容并不是简单地和平共处，一切都好。

第三，"我们不再以固定和单方面的方式来感知他人时，真实对话的潜力就会显著增加：我们将开创从仅仅是固定立场之间的妥协，转向在新发现的共同点上实现相互充实的可能性。"[13] 这就是说，重"求同"，淡"存异"，可以扩大文化间对话的空间，开拓更广阔的对话前景。

人类文明演进到当下，现代化、全球化的天下大势，在基于文化认同的地缘政治冲突中仍然显得十分脆弱甚至不堪一击，包容型文化的精神在经济全球化、文化多样性的时代尤其显得珍贵。

即使是在包容之中，我们也要注意到社会文化体系的构成中是有主流和非主流之分的。

当然，包容固然特别重要，是我们的一个基本原则，但也不是无限度地都去包容。

第一，包容并不是简单地和平共处，一切都好。在整个文化生态之中，有些东西我们必须施肥浇水，让它发扬光大，而有些东西必须进行抑制，予以摒弃。如极端思想，包括历史上十字军东征那样恶劣的，打着文化和信仰的旗号对别人进行征伐；还有如中国古代的以活人殉葬的文化，以及其他那些以杀人为乐的文化，等等。那些肆无忌惮的东西，必须摒弃，否则就缺乏了人类的良知和公理。包容是有限度的，必须以人类的良知和公理为基本依据。

第二，即使是在包容之中，我们也要注意到社会文化体系的构成中是有主流和非主流之分的。从整个文化生态来讲，有各个方面的问题，各个方面的东西，应当讲究百花齐放。但是，在一个社会主张什么方面，作为政府、学界，应该强调主流价值观，而不能完全平均地对待。当我们在强调主流价值观时，就在强调一种文化的历史渊源和它当今的时代特点。主流是变化的，这个世纪是主流，到下个世纪可能就不是了，但是主流的东西恰恰是当代的。马克思主义所设想的社会主义初级阶段和高级阶段不一样，经济不一样，社会不一样，政治不一样，文化当然也应该有所不同，比如说农村城市化，农村时期强调的东西和城市化后强调的东西不一样，关键是必须符合时代特征。今天我们强调的主流就是社会主义核心价值观。社会主义核心价值观的三个层次中，富强、民主、文明、和谐是国家层面的价值目标，自由、平等、公正、法治是社会层面的价值取向，爱国、敬业、诚信、友善是公民个人层面的价值准

包容是有限度的，必须以人类的良知和公理为基本依据。

则。这三个层面共同构成我们这个时代的主流价值。在这个主流价值之外，要允许其他东西存在，但允许其他东西存在不等于不强调核心价值。

注释

[1] 参见刘长乐《文化交融与文明对话中包容的智慧》，第十届罗德文明对话论坛主旨发言，2012 年 10 月 4 日。

[2] 韩冬雪：《论中国文化的包容性》，《山东大学学报》（哲学社会科学版）2013 年第 2 期。

[3] Michael Walzer, *On Toleration*, New Haven, C. T. : Yale University Press, 1997, pp.10-11，译文转引自〔加〕贝淡宁、〔以〕艾维纳《城市的精神》，吴万伟译，重庆出版社，2012，第 220 页。

[4]〔美〕亨德里克·房龙：《宽容》，迮卫、靳翠微译，生活·读书·新知三联书店，1985，第 396 页。

[5] 联合国教科文组织世界报告：《着力文化多样性与文化间对话》，巴黎：联合国教育、科学及文化组织，2010，第 41 页。

[6] Wilk, R. Learning to be local in Belize: global systems of common difference. In D. Miller（ed.）, *Worlds Apart: Modernity through the Prism of the Local*, London: Routledge, p.118. 1995.

[7]〔法〕弗雷德里克·马特尔：《主流——谁将打赢全球文化战争》，刘成富等译，商务印书馆，2012，第 172 页。

[8]〔法〕弗雷德里克·马特尔：《主流——谁将打赢全球文化战争》，刘成富等译，商务印书馆，2012，第 175 页。

[9]〔法〕弗雷德里克·马特尔：《论美国的文化——在本土与全球之间双向运行的文化体制》，周莽译，商务印书馆，2013，第 4 页。

［10］ 转引自联合国教科文组织世界报告：《着力文化多样性与文化间对话》，巴黎联合国教育、科学及文化组织，2010，第 45 ~ 46 页。

［11］ 联合国教科文组织世界报告：《着力文化多样性与文化间对话》，巴黎联合国教育、科学及文化组织，2010，第 54 页。

［12］ 联合国教科文组织世界报告：《着力文化多样性与文化间对话》，巴黎联合国教育、科学及文化组织，2010，第 46 页。

［13］ 联合国教科文组织世界报告：《着力文化多样性与文化间对话》，巴黎联合国教育、科学及文化组织，2010，第 47 页。

10

力 量

STRENGTH

在人类历史上有这样一种现象，高度发达或文明的国家、城邦被野蛮部落或民族所征服，也就是所谓文化不发达的地方，打败和征服了文化繁盛之地。比如在西方，古希腊、马其顿是相对落后的城邦，更接近于野蛮部落，却征服了其他发达的城邦，并最后征服欧亚非的大片土地；希腊与罗马相比，希腊经济文明更发达，但最后罗马取胜了，而不是相反；罗马在当时显然是经济和文明较为发达的国家，但最后却被落后、野蛮的日耳曼等"蛮族"毁灭了。在中国历史上，游牧民族侵扰和打败农耕文明时常发生。最为典型的是两宋时期，宋朝在当时经济文化最发达，其次是金、辽，再次是西夏，最落后的是蒙古，结果最后成功的不是这些相对发达的王朝，而正是文化相对落后的蒙古。

这种力量的征服与文化的繁荣呈现的背反现象，值得我们冷静地思考。一方面，是什么样的文化支撑着力量的征服，使"落后"与"野蛮"最终战胜"先进"与"文明"？另一方面，一次又一次的文化繁荣何以常常如此不堪一击，繁花似锦之后总是一片凋零？

我们看到其中的一个共同点，就是这些所谓经济文明发达的国家和王朝的文化中，缺失了在它们历史上曾经拥有的力量和血气的要素。问题的关键在于力量的此消彼长。"落后""野蛮"的新文化的力量不断凝聚和壮大，"先进""繁荣"的旧文化的力量却在渐渐散失。也就是说，任何伟大的文化都是有力量的文化，但这并不意味着所有伟大的文化都永远具有强大的力量，就如同我们今天所说的那些腐朽的、没落的文化，除了其价值观、世界观落后之外，更重要的是它们不具备或者已经丧失了维持和推动自身和社会进步的力量。

因此，我们呼唤一种力量型文化。

力量型文化指的是一个民族文化结构中属于血气的部分。苏格拉底把灵魂分成三个部分：理性、血气和欲望。其中血气是最高的或者说最高贵的，它在本质上服从理性；欲望是最低的，它本质是反抗理性。亚里士多德认为，血气具有非理性的方面，但血气若与理性选择和一种目的观相结合，就是真正的勇敢。尼采则称"血气即勇气"，勇气使人克服了人的动物性并由此成为人。总之，"血气"在西方是一种政治美德，是"正义女神"的品性。从血气来讲，就是人对何谓正确、何种东西带来尊严和荣誉的精神感受。所以，力量型文化强调的是何谓正义、何谓勇敢的价值品性。

力量型文化发端于人类文明早期的那种血气文化，血气文化在东西方文明中都曾存在，是人类在人与自然的抗争中产生的对力量文化的推崇。如古希腊，奥运会就起源于此，主要展示人的是身体力量。这种文化逐渐拓展到社会各方面，包括建筑文化中体现的那种气势。尼采对"强力意志"的推崇，弗朗西斯·培根所说的"对自然的拷问"等，都是在极致的意义上显示血气文化的内在原动力和不断向外拓展的意志。

力量型文化是对文化的理性结构的矫正。理性与知识和智

一方面，是什么样的文化支撑着力量的征服，使"落后"与"野蛮"最终战胜"先进"与"文明"？另一方面，一次又一次的文化繁荣何以常常如此不堪一击，繁花似锦之后总是一片凋零？

雅克·巴尔赞:《从黎明到衰落：西方文化生活五百年，1500 年至今》——对 1500 年以来西方文化研究的集大成之作。

慧相关，但只强调对知识的拥有和过于严格的理性会制约文化的活力和生命力。雅克·巴尔赞在谈到蒙田对"人的理性的自以为是以及人的知识的有限价值"的讨论时则指出：

> 我们这个世纪所拥有的知识远远超过了蒙田和拉伯雷的时代。我们是否因此而更加明智和幸福呢？现在有一种观点认为，我们不幸福的原因正是我们拥有知识。具有所谓双重思维的人完全可以像所有赞扬进步的人一样，渴望更多的知识，但同时也承认知识并不一定能改进生活质量。[1]

雅克·巴尔赞还特别提示拉伯雷和蒙田对理性的误用的警告：

> 不要用理性把一切经验简化为程式，要给冲动和本能留一定的空间。这一类的行动通常发自所谓"自然"或者"心"，两者都与"思想"形成对立。[2]

尼采的观点则更为鲜明并具有影响力。他认为，在受理性支配的历史和文化中，古往今来的人们都被限制了创造力，不敢开拓，不能看到真正的前景，为此就要寻求人的真正本质，并且解放这种本质。尼采提出"权力意志"或"强力意志"的逻辑及其魅力、影响力都体现其中。

力量型文化是相对于消解型、娱乐型文化存在的。消解型、娱乐型文化作为一种自我消弭性文化，将人引向感官享受、物欲追求。这种享受性、享乐型的文化不能没有，因为文化是有娱乐功能的，但如果把整个文化都推向娱乐化、推向消费，那么最终文化的力量就被销蚀和废除了。

我们今天所倡导的力量型文化则与这种自我消弭性文化具有本质的不同，其首要体现就是文化的血性。

中国先秦文化中有一种宝贵的"士"的精神，是我们民族血性的灵魂。对真理，"朝闻道，夕死可矣"；对国家，"苟利国家生死以，岂因祸福避趋之"；对强敌，"流血五步，血溅七尺"，血战到底；"拼将十万头颅血，须把乾坤力挽回"。

实际上，中国文化的流变在一定意义上就是一次又一次的从"血性张扬"到"血性消弭"再到"强大外来压力下的血性回归"的历史循环。文化的血性张扬之时，就是国运昌盛之日；文化的血性消弭之日，就是国运衰落之时。这种血性是力量型文化的灵魂，也使力量型文化带有如下特点。

一是强调秉性的刚健。例如，"杀身成仁"，"舍生取义"；"富贵不能淫、贫贱不能移、威武不能屈"；"为天地立心，为生民立命，为往圣继绝学，为万世开太平"等。在当代中国的发展中，表现为敢闯敢试，敢于突破传统的束缚，敢于"杀出一条血路"。

二是强调意志的坚韧不拔。例如，"天行健，君子以自强不息"，所尊崇的就是自强不息、厚德载物，这种文化因子绵延五千年至今不息。这是一种意志的力量、精神的力量和文化的力量，是五千年中华文明在一片国土上生生不息、成为唯一存续下来的血脉支撑和根本原因。今天我们所讲的民族伟大复

中国先秦文化中有一种宝贵的"士"的精神，是我们民族血性的灵魂。对真理，"朝闻道，夕死可矣"；对国家，"苟利国家生死以，岂因祸福避趋之"；对强敌，"流血五步，血溅七尺"，血战到底；"拼将十万头颅血，须把乾坤力挽回"。

兴的"中国梦"，正是这种凝聚人心的力量。

核心价值观是重要的力量源泉，作为一种文化，真正令人信服的，或者说作为软实力核心的东西，就是核心价值观。

三是强调充满蓬勃朝气、昂扬锐气、浩然正气。如传统文化中的天下为公、勇于奉献思想，始终高扬着对人生、社会、国家的意义追求。

力量型文化是刚健与创新的内在统一。创新本身就是力量的勃发，是刚健自强的展现。在《周易》中，乾卦是六十四卦的第一卦，《乾·象》说"天行健，君子以自强不息"。上卦和下卦都是乾，乾为刚健，引申为自强不息的力量和精神。《乾卦》说："乾道乃革"，"革"就是改革、变革、革新、革命，就是创新，说明了刚健与创新的内在统一性。《杂卦》说："革，去故也；鼎，取新也。"《周易·革·彖》说："天地革而四时成，汤武革命，顺乎天而应乎人。革之时大矣哉！"由此可知，革命也好，创新也好，都离不开刚健自强的进取精神，这正是力量型文化的精髓。

力量型文化拥有具有深刻影响力的核心价值观。核心价值观是重要的力量源泉，作为一种文化，真正令人信服的，或者说作为软实力核心的东西，就是核心价值观。例如，作为一种文化来讲，美国的核心价值观就是自由、民主、博爱，欧洲文艺复兴时期新兴资产阶级所倡导的自由、平等、博爱，唤醒了整个一代人，一方面是生产力从封建的庄园经济发展到工业经济，另一方面打破了中世纪宗教的桎梏。这种核心价值的要义就那么几个字，但其发挥的战斗和影响作用，作为鼓角，振聋发聩。在这种核心价值面前，一切腐旧的、过时的东西，一切阻碍社会进步的观念都被摧枯拉朽般地连根拔起。美国新大陆一开始提倡的那些东西，比如在反对英国殖民主义时的《独立宣言》，是彻底击败不可一世的大英帝国的关键精神力量。又比如中华民族在 20 世纪上半个世纪的奋斗，当然靠武装斗争，靠马克思主义引领，但是爱国图存，民族复兴永远是这个时代的主题，它推动了一批批精英和人民去奋斗，这种核心价值到今天还在发挥作用。这是我们最重要的力量，是力量的源泉，也是力量的象征。

伊丽莎白·科瑞德：《创意城市：百年纽约的时尚、艺术与音乐》——告诉你文化如何成为推动纽约进步的发动机。

力量型文化是充满活力和生命力的文化。查尔斯·兰德利说："活力是城市的原动力与元气"；"至于生命力，则攸关长期的自给自足性、永续性、适应性及自我革新性"；"富于创意活力和生命力的城市"有赖于九项评估标准：关键多数（critical mass）、多样性（diversity）、可及性（accessibility）、安全与保障（safety and security）、身份认同与特色（identity and distinctiveness）、创新性（innovativeness）、联系和协同（linkage and synergy）、竞争力（competitiveness）和组织能力（organizational capacity）。[3]

力量型文化具有文化多样性所带来的必要张力。在当今文化流动时代，文化越来越多地被理解为不同的社会沿着各自特有的路径不断演变的过程。保持文化的多样性，可以使每种文化不断地与其他文化进行信息、能量、资源的流通和交换，始终保持旺盛的生命力。正因为如此，联合国教科文组织将文化多样性定义为"我们所有人（不论是个人还是群体）保持变化动力的能力"[4]。具有消费文化特征的纽约之所以具有影响全球的力量，其中关键的一点就在于纽约文化的多样性及其形成的强大活力和推动力。正如伊丽莎白·科瑞德所指出：

> 这种活力和推动力来自时尚、艺术、电影、音乐和设计业所共同面对的人们多元、矛盾、冲突的感受与想法。正是这些多元化的东西成就了纽约这座城市，让它在艺术、文化发展方面笑傲全世界。[5]

力量型文化拥有强大的创造力、竞争力和影响力。其中，文化创造力指文化生产和创新能力，主要包括以原创能力为核心的文化创新力、文化创意产业为核心的文化生产能力；文化竞争力是参与文化流动的能力，指一个城市在国际或国内文化市场所占有的市场份额和地位，以及维持和提高市场份额和地位的能力；文化影响力与文化软实力紧密相关，既包括一个城市的文化的吸引力和感召力，也指一个城市在文化流动中对国际国内文化市场和文化生活的实际影响的大小。

发展力量型文化，必须重点从文化价值观、文化生态、文化生产三个方面着手展开。文化价值观，展现为弘扬与时俱进、刚健有为、自强不息的时代价值。文化生态，要求明智的城市管理者准确地把握其最根本的职责，就是锻造一种健康向上、积极活跃的文化生态，并使之成为城市发展理想。文化生产，直接体现在必须打造出弘扬主旋律、传播正能量的文艺精品，产出反映时代精神、代表学术水平的精品力作。

力量型文化，所代表的就是那种血气方刚的，血性的勇猛的文化。当然，我们并不拒绝纤巧柔丽，不拒绝笙歌曼舞，甚至也不拒绝智慧而冷静的对话，但必须清楚在世界各民族的发展中，要想保证民族文化的长盛不衰、延续久远，必须凸显和展示出民族文化中血性的因子，这种勇猛、血性的文化也是民族文化内在力量的体现。

文化创造力指文化生产和创新能力，主要包括以原创能力为核心的文化创新力、文化创意产业为核心的文化生产能力。

注释

[1]〔美〕雅克·巴尔赞:《从黎明到衰落：西方文化生活五百年，1500年至今》，林华译，中信出版社，2013，第 151 页。

[2]〔美〕雅克·巴尔赞:《从黎明到衰落：西方文化生活五百年，1500年至今》，林华译，中信出版社，2013，第 217 页。

[3]〔英〕查尔斯·兰德利:《创意城市：如何打造都市创意生活圈》，杨幼兰译，清华大学出版社，2009，第 327 ~ 328 页。

[4]联合国教科文组织世界报告:《着力文化多样性与文化间对话》，巴黎联合国教育、科学及文化组织，2010，第 4 页。

[5]〔美〕伊丽莎白·科瑞德:《创意城市：百年纽约的时尚、艺术与音乐》，陆香、丁硕瑞译，中信出版社，2010，第 XI 页。

11

文化自觉与文化自信

CULTURAL CONSCIOUSNESS
AND CONFIDENCE

费孝通:《费孝通论文化与文化自觉》——研究文化与文化自觉问题的经典论著。

创新型、智慧型、包容型和力量型文化，建立在文化自觉与文化自信基础之上。高度的自觉和自信有利于形成文化的创新、智慧、包容和力量特质，创新、智慧、包容和力量反过来会强化文化自觉，增强文化自信。

文化自觉是著名社会学家费孝通先生 1997 年首次提出的，他指出：

> 文化自觉只是指生活在一定文化中的人对其文化的"自知之明"，明白它的来历，形成过程，在生活各方面所起的作用，也就是它的意义和所受其他文化的影响及发展的方向……自知之明是为了加强对文化发展的自主能力，取得决定适应新环境时文化选择的自主地位。[1]

费孝通先生以"文化自觉"指生活在一定社会中的人对其文化有自知之明，即明白它的来历、形成过程，所具有的特色和发展的趋向。有自知之明是为了加强文化转型的自主能力，取得适应新环境、新时代对文化选择的自主地位，即文化的自我觉醒、自我反省、自我创建。文化自觉不是要"复古"，也不是要"全盘西化"或"全盘他化"。

费先生的"文化自觉"，是在全球经济一体化的历史发展阶段提出的。

在全球化日益深化的今天，国际文化交流也越来越频繁深入，文化要交流，就必须是各有特色的文化之间的交流，否则文化交流就失去了内容和意义。问题的关键在于，全世界两百多个国家和地区，每个国家都有自己的文化，怎样在文化交流中不被文化霸权征服，不被他人所同化，怎样才能让自己的文化"走出去"。这就需要文化自觉，只有在清楚认识自己的文化、认识到自身文化与外来文化之间关系的基础上，才能够在这个正在形成中的多元文化的世界里确定自己的位置，才能明确未来文化发展的方向。

学习借鉴国外文化有一个问题不能回避，那就是如何正确地对待外来文化。经济全球化表现出一体化，文化全球化则表现出多元化，在国际文化交流日益频繁深入的今天，无论是被动的还是主动的，多元文化的互相影响、渗透，是一种大的趋势。故意去回避、躲避外来文化，或者盲目地抵制外来文化，都是不理性的，就像遇到问题只会将脑袋钻进沙子中的鸵鸟一样胆小懦弱，这也从侧面反映了一种文化上的不自信。还有一种妄自尊大，以为中国传统文化已经绝对的博大精深，只要发挥出自身特色，弘扬了传统的精髓，就不必去理会外面的世界，不必去学习借鉴优秀文化，这也是片面的、不可取的。

美国电影《功夫熊猫》在中国上映，首日中国票房就达6000万元，可谓是票房中的绝对大片。《功夫熊猫》画面很中国化，受到了国人喜爱。然而当时也有人在网上发起抵制看《功夫熊猫》的呼吁，认为美国人偷了中国的文化符号"熊猫"，反过来赚中国人的钱，表示该片是老美对中国的一种"文化侵略"，甚至得到了某些学者的公开支持。这就是一种

学习借鉴国外文化有一个问题不能回避，那就是如何正确地对待外来文化。

不能正确理性对待美国文化的态度，也可以说是文化不自信。其一，美国人没有控制中国人看电影的选择权，相反是大家主动选择《功夫熊猫》的。这时，国家、民族、语言、肤色等的界限都统统退隐了，大家共同的选择，指向勇敢、真诚、正直、善良、美好。其二，美国选择了用中国符号来拍电影，难道不能看成是中国文化对美国人的吸引力？难道不能解释为美国人对中国文化的认可与追随？

看过《功夫熊猫》的观众，对片中随处可见的中国元素印象深刻。除了主角熊猫阿宝，大到山水背景，小到瓷器花纹，还有卷轴、汉服、兵刃、牌坊、庙宇、宫殿等等，对中国元素的刻画可以说是细致到了极点。连片头的梦工厂厂标，以往的那个坐在月牙上垂钓的小男孩，也换成了一个穿唐装的猴子。该片导演马克·奥斯本前后用了 30 年时间研究中国文化，他称《功夫熊猫》是献给中国的"一封情书"，这部电影中的功夫、熊猫、山水、太极、庙会、毛笔字、针灸都是中国的；动物们吃的是面条，用的是筷子；猴子、毒蛇、丹顶鹤、老虎、螳螂则是中国传统武术中几路最知名且最具特色的拳法武术的代表。马克·奥斯本表示，"《功夫熊猫》是我对中国的一次致敬。"

由《功夫熊猫》所引起的争论可以说是反映了人们对待文化全球化的态度问题，文化发生交流碰撞，自然会引起人们采取不同的态度对待它。但是盲目地抵制文化霸权，就会画地为牢，走不出文化霸权的势力范围，这才是真正地被文化霸权

擅长扬弃，擅长吸收、内化、转型，始终都坚持文化自觉、文化自信、文化自强。

了。因此，正确合理地对待世界和一切外来文化的成功经验，能够在相比对照之下找出自己的不足之处，吸取教训，同时不卑不亢地学习一切优秀文化，取长补短，将其视为自身文化源源不断的养分，这也是文化自觉的重要内容。

中国作为一个有着几千年文化历史的大国，而且是世界上唯一一个始终保持着自身文化传统的国度，在数千年的历史长河中，不断受到外来文化的影响，甚至遭遇外来文化的侵袭，但始终未能改变中国本土文化的根基。原因就在于，中国文化一直以来都特别擅长选择性地接受，擅长扬弃，擅长吸收、内化、转型，始终都坚持文化自觉、文化自信和文化自强。

近代以来，中国文化自觉不断。从魏源"睁眼看世界"，"师夷长技以制夷"。到康梁维新把洋务运动之"器物层次的现代化"转进到"制度层次的现代化"，指出"夫中国之教，所谓亲亲而尚仁，故如鲁之秉礼而日弱；泰西之教，所谓尊贤而尚功，故如齐之功利而能强。"再到严复"不惟新不惟旧，惟善是从"，从"本体""公例"的高度深化对现代文化的理解，比"醉心欧化""保存国粹"更具前瞻性。直至"五四新文化运动"，着眼国民世界观和价值观，对中国文化全面反思和彻底改造，虽失之偏颇，并且至今也未终结，但却极大地推动了思想觉醒和人的解放，体现了完整意义上的文化自觉。

百年来，在先哲们的著述中一直隐含了一条解决中国文化问题的思想道路：通过现代化来解决中国文化传统问题。如果说从洋务运动到维新变法、从辛亥革命到新文化运动，中国的文化自觉是缘起于救亡图存的急迫；那么今天的文化自觉，更着眼于全球化趋势，也更具中华民族伟大复兴的特质。

任何一个大国的崛起，不仅伴随经济的强盛，而且伴随文化的昌盛。这一论断深具远见卓识。文化是立国之根本，大国的崛起从最终意义上看是文化的崛起。文化自觉是一种在文化上的认识与觉悟，是一种内在的精神力量，是对文明进步的强烈向往和不懈追求。它本身是一种意识，但是这种意识又能带来对文化的创造与开拓。因此，文化自觉既包含着认识，又包含着行动，是推动文化繁荣发展的思想基础和先决条件。历史和现实表明，一个民族的觉醒，首先是文化上的觉醒；一个国家的力量，很大程度上取决于文化自觉的程度。可以说，是否具有高度的文化自觉，不仅关系到文化自身的振兴和繁荣，关系到一个城市的发展方向与层次，决定着一个城市的兴衰成败，决定着一个民族和国家的前途命运。

在文化自觉的认识层面，从纵向上来讲，是过去、现在和未来，即能够清楚过云的不同历史时期有不同的文化，能够认识到现在的文化是过去的继承与发展并且还在不断地继续着取其精华、弃其糟粕的发展，能够正确地把握文化未来的发展方向。就中国而言，正如我们在本书导言中所判断的，对文化地位和城市价值的认识经历了三个阶段：第一个阶段是拼经济，城市竞争主要体现在比富裕，比经济实力、居民收入情况等。

这种唯经济和财富的价值评判标准，目前仍然在相当大的范围内存在着。第二个阶段是拼管理，比城市的管理、硬件，特别是各级政府在追求 GDP 之外，开始追求城市硬件的建设和管理，包括在文化设施上的大量兴建。第三个阶段是拼文化，像北京、上海、深圳等比较发达的城市，文化成为城市的发展主题，以文化论输赢、以文明比高低、以精神定成败成为城市新的竞争和发展格局。文化成为决定城市未来发展的关键因素和核心竞争力，成为城市的特色和魅力之所在，以文化为轴心的城市战略成为城市管理决策者的自觉选择，这是文化自觉的重要体现。

如果说从洋务运动到维新变法、从辛亥革命到新文化运动，中国的文化自觉是缘起于救亡图存的急迫；那么今天的文化自觉，更着眼于全球化趋势，也更具中华民族伟大复兴的特质。

从横向上来讲，是自身与其他文化，即能够保持自身文化的优质、特色，并不断去掉不合时宜的部分，能够正确对待外来文化，既不"全盘他化"，也不要"复旧"，能够了解外来文化的精华与糟粕，能够在文化交流中求同存异、取长补短，能够在世界文化中保持、发展、传播自身文化的特色，又与其他文化共同代表着这个世界普适性的价值。

在文化自觉的行动层面，要维护两种文化权利。一是捍卫国家文化主权，就是在吸纳世界优秀文化的基础上确立中国文化的主体性地位，确立国家转型的文化自主能力和文化选择的自主地位。一个国家如果没有自己的文化主体地位，没有自己的文化主权，没有自己的文化特色，它可能是一个经济发达的国家，但不可能成为强大的国家，受到别国的尊重。比如，一些世界上非常富有的国家，国民生活很富足，但是却没有被当

大国的崛起从最终意义上看是文化的崛起。

作世界强国来看待，就因为他们的文化竞争力并不强。

在喀布尔博物馆的大门上，有人写下了这样一句话："当一个民族的文化存在，这个民族就存在着。"所以，我们在尊重其他人类文明成果的同时，更要立足于本民族文化的保护、继承、弘扬和创新。民族文化的保存、民族文化主权的保障是世界所有国家和民族独立自主、自强于世界的前提。这是不容置疑的。

二是保障公民的文化权利，就是要使每个公民都有享受文化成果的权利、参与文化活动的权利、开展文化创造的权利和保护知识产权的权利，不断满足人民群众日益增长的精神生活需求，解决群众多方面的文化需要，促进多元文化共生与和谐。其中，为公民创造更多的文化享受条件，是保障公民文化权利最为基本的内涵，这包括对影剧院、图书馆、博物馆等基本文化场馆的建设与安排，对文学、戏剧、电影、音乐、舞蹈等多种多样文化产品的生产和供应等。

中国先哲顾炎武说："有亡国，有亡天下"，"易姓改号，谓之亡国。仁义充塞，而至于率兽食人，人将相食，谓之亡天下。"

文化自信是一个国家、一个民族对自身文化价值的充分肯定，对自身文化生命力的坚定信念。任何一个国家的文化，都有其既有的传统、固有的根本。抛弃传统、丢掉根本，就等于割断了自己的精神命脉，就会丧失文化的特质。伴随全球化的推进，各国开始捍卫自己的民族和国家文化本身的价值，重新塑造自己的文化主体性，努力加强本民族的文化自信意识。

例如，正是由于美国好莱坞大片的大量侵入，使法国有了危机意识，最早提出"文化例外"和"文化多样性"的概念，认为文化涉及国家主权，必须加以保护，坚决反对把文化列入一般性服务贸易。而英国首相丘吉尔有这样一句名言："我宁愿失去一个印度，也不肯失去一个莎士比亚"，如同牛顿力学定律开启了工业革命的大门，亚当·斯密《国富论》为英国提供新的经济秩序，莎士比亚文学作品成为英国乃至世界人民的精神坐标。中国先哲顾炎武说："有亡国，有亡天下"，"易姓改号，谓之亡国。仁义充塞，而至于率兽食人，人将相食，谓之亡天下。"（《日知录》卷十三）亡国是改朝换代，只要文化存在，民族终会复兴；亡天下就是亡文化，是从根本上灭掉一个民族，是真正的万劫不复！

就世界范围而言，具有五千年历史的中国文化，源远流长，曾使中国跻身于世界文明国家的行列，为世界文化的发展做出了重大的贡献，赋予中华民族无比的自豪和自尊，成为中华民族集体认同的价值来源。传统中国是一个政治、经济大国，也是文化大国。古代中国不仅在国内形成了源远流长的文化传统，而且更是以一个强大的文明国家的面貌影响了东亚、中亚和东南亚的政治文化版图。中华文化的核心价值，在与世界文明的碰撞和对话中，从来就不仅仅是中国价值观或者亚洲价值观，而是世界核心价值观的重要组成部分。

罗素曾经说过，"中国至高无上的伦理品质中的一些东西，现代世界极为需要"，"若能够被全世界采纳，地球上肯定比现在有更多的欢乐祥和。"[2]现在，国内出现"国学

要使每个公民都有享受文化成果的权利、参与文化活动的权利、开展文化创造的权利和保护知识产权的权利。

民族文化主权的保障是世界所有国家和民族独立自主、自强于世界的前提。

热"，国际上出现"中华文化热""孔子热"，很多人在探讨中华传统文化中讲仁爱、重民本、守诚信、崇正义、尚和合、求大同等思想的时代价值，这生动地表明了我们传统文化的重要现实意义。

近代，我们的文化衰落了，中国文化传统怎样在西方现代文化挑战之下重新建立自己的现代身份，怎么判断中华文化在世界知识和价值谱系中的地位，这是五四以来，中国知识人一代又一代的共同问题。中国文化的当代复兴，不仅在于它在全球文化、政治版图中要重新确立自己的独特个性并恢复自信，也不仅在于它将继续维系中华民族的内在统一，而且在于它在参与世界文化价值体系的建构中，以自己的核心价值观及其所代表的国家软实力为"和谐世界"建设做出贡献。

那种数典忘祖、蔑视传统、一味丑化民族文化的做法，是十分有害的。当然，弘扬优秀传统文化绝不是回到过去、守旧复古，而是要立足新的实践、顺应时代潮流，不断进行新的文化创造。传统文化中也确实存在一些糟粕，需要摒弃。对待传统文化，还是要按照取其精华、去其糟粕，古为今用、推陈出新的要求，进行科学梳理、精心萃取，深入挖掘和提炼有益的思想价值，使之不断发扬光大，成为涵养民族精神的不竭源泉。

据《凤凰周刊》2006 年第 16 期的一篇文章，英国前首相撒切尔夫人针对"中国威胁论"曾经说过这样一句话："中国不会成为超级大国，因为中国没有那种可以用来推进自己的权力、从而削弱我们西方国家的具有国际传染性的学说。今天中国出口的是电视机而不是思想观念。"此言无论是否属实，都发人深思。

当前，在全球化的语境下，我们要找回中华文化的自信，首先我们必须有勇气肯定自己的价值体系，担当起捍卫自己文明的责任，同时，必须创造性地继承和转化中国文化传统，不断激活中国传统文化的当代价值，形成当代中国新的现代国家核心价值理念，以此提升中国现实中的文化软实力，为中国文化认同的增强和中国文化"走出去"，提供更强大的价值依据。中华文化五千年生生不息，她有自强的力量、兼容的气度和通达的智慧。中华文化的复兴是中华民族真正的复兴，中国和平崛起的重要标志是文化的崛起。民族复兴的一个重要内容是，核心价值得到世界的认可与尊重，向世界传递中华民族的人生理念和生命态度，将中华文化的价值和光辉展现在世人面前。

文化自觉、文化自信与城市发展是一种互动关系，文化自觉自信促进城市发展，城市发展激发新的文化自觉自信。

文化自觉自信首先是理论的自觉自信。理论是文化自觉自信的先导、核心和关键，文化自觉自信首先是一种在文化上的认识与觉悟，是一种能够带来对文化的创造与开拓的理念。

文化自觉自信最终是国民的自觉自信。文化发展体现着人的发展，并凝聚着人的创造力，从根本上说依赖于人对于文化的需求、参与和创造。因而，文化自觉自信最终必须依靠国民

中国文化的当代复兴，不仅在于它在全球文化政治版图中要重新确立自己的独特个性并恢复自信，也不仅在于它将继续维系中华民族的内在统一，而且在于它在参与世界文化价值体系的建构中，以自己的核心价值观及其所代表的国家软实力为"和谐世界"建设做出贡献。

的自觉自信，依靠调动广大国民从事文化实践活动的积极性、主动性和创造性。文化的自觉自信必须落到实处，体现在核心价值观培育、国民文明素质提升、文化事业和文化产业发展以及文化交流的具体工作之中。

这种自觉和担当，不是心血来潮的"激情"或"口号"，而是从促进中华文化伟大复兴、更好更快实现"中国梦"的战略高度，把文化建设摆在突出位置，始终坚持的一种文化责任和文化理想，并自觉转化为文化发展理念和政策指导。从治国方略看，对文化的重视程度和推动力度，直接反映着领导者的政治素质和远见，因为这不仅是一种工作责任，更是一种伟大而高尚的民族情怀、人文情怀。

这种素质、远见和情怀，最终会孕育、凝练出文化的创新、智慧、包容和力量。

注释

[1] 费孝通：《开创学术新风气》，《费孝通论文化与文化自觉》，群言出版社，2005，第216页。

[2] 〔英〕罗素：《中国问题》，秦悦译，学林出版社，1996，第170页。

从治国方略看，对文化的重视程度和推动力度，直接反映着领导者的政治素质和远见，因为这不仅是一种工作责任，更是一种伟大而高尚的民族情怀、人文情怀。

12

市民文化权利

CULTURAL RIGHTS
OF CITIZENS

艺衡等著《文化权利：回溯与解读》（社会科学文献出版社，2005）——对"文化权利"问题的系统观察，公共文化服务理念的先声。

在经济、社会和文化权利当中，对经济、社会权利的考察和关注往往多于被视为发展权的文化权利。

创新型、智慧型、包容型、力量型文化以文化权利的实现为基础，只有充分实现了市民的文化权利，我们才能建设发达、繁荣、可持续的城市文化。因此，市民文化权利的实现程度是决定城市文化发展成败的重要环节，市民文化权利的实现是创新型、智慧型、包容型、力量型文化建设的重要主题。

从词源上看，人们通常认为在西方，"文化"的原始意义是"耕耘""农作"，事实上这仅仅是古罗马人对文化的理解。追溯历史，我们可以看到，在很久以前人们就意识到存在一种与物质领域相对立的精神领域的东西，我们姑且称之为文化。但从一开始它就并不是一个很清晰的概念，因为它囊括一切精神生产能力与精神产品。譬如，在古希腊时，人们最初对文化的理解就有把文化与政治相联系的意蕴：他们把文化理解为公民参加城邦政治与社会活动的能力和品质等。文艺复兴时期的文化观回归了古希腊传统对文化作为"知识与道德""精神""方式"的理解，不同的是此时的人文主义思想家高扬的是文化中人的主体能力与人类尊严。

在中国传统中，文化同样遭遇到类似的经历。拿文化的集中表现——艺术来说，古人所强调的艺术精神从某种程度上来说，就是一种伦理道德，审美也是道德审美，它与政治存在着千丝万缕的联系。作为文化活动重要内容的教育，通常被视为教化，成为统治阶级移风易俗的手段。因此在古人眼里，文化是一种广义的精神生活，这样的理解可能更为贴切。譬如，孔子曾在《论语·述而》中云："求仁得仁，又何怨乎"。这是对人生理想境界向往并进行不懈努力的状态。再看看我们熟悉的古语："在心为志，发言为诗，情动于中而形于言。言之不足，故嗟叹之；嗟叹之不足，故咏歌之；咏歌之不足，不知手之舞之，足之蹈之。"（《毛诗序》）后人通常以此来说明诗歌的产生以及与其他艺术形式的关系。这也反映了古人对艺术自由表达的一种要求。

狭义地理解文化，注重文化的凝聚力量以及它对经济、政治的协调作用，是当今社会发展的趋势。各个国家都开始把文化视为创意经济的源泉和政治稳定的保证，有的甚至还把文化的繁荣作为发展的最高目标。1995 年，联合国教科文组织就在《我们的创造的多样性》报告中，把文化的繁荣视为发展的最高目标，文化的创造性视为人类进步的源泉，文化的多样性视为人类最宝贵的财富。因此，对公民文化权利的保护就不可避免地成为题中应有之义。

人们通常认为在西方，"文化"的原始意义是"耕耘""农作"，事实上这仅仅是古罗马人对文化的理解。

在国际社会中文化权利被提出，通常是与经济权利和社会权利并列的。但在以前，人们对文化权利关注甚少，没有看到它的独立性，而是把它作为其他权利的派生物。例如文化权利常常被社会权利所遮蔽。这是因为在我们看来，现有国情下生存权理所应当优先于发展权。所以在经济、社会和文化权利当中，对经济、社会权利的考察和关注往往多于被视为发展权的文化权利。人们多有这样的想法：在基本的温饱、工作的安全、生活的保障不能满足时，谈文化权利是奢侈的。因此，作为发展中国家的中国，以前在文化权利问题上的研究也是远远不够的。

葛兰西曾在《社会主义和文化》中说过一句话，这对于我们认识文化以及文化权利的重要性具有指导意义。他认为：

> 它（文化）是一个人内心的组织和陶冶，一种同人们自身的个性的妥协；文化是达到一种更高的自觉境界，人们借助于它懂得自己的历史价值，懂得自己在生活中的作用，以及自己的权利和义务。[1]

所以，文化权利与经济权利、政治权利有着紧密联系，但它具有独立性；与经济权利、政治权利相比，文化权利是更高一层次的权利，具有其他权利不可替代的价值。经济权利是基础，政治权利是保证，文化权利是目标。

权利的观念最初萌芽于爱琴海畔的古希腊和地中海岸的古罗马。希腊本土原不过是个小小的半岛，但它的海岸线较长，有许多港口，两边的爱琴海和伊奥尼亚海上又有着众多的岛屿，形成了连接欧亚大陆的岛屿桥梁。自古以来，埃及、巴比伦和克里特商人就是经过这些桥梁来到欧洲的。大约在公元前两千年时，希腊开始向海外移民。移民们在被征服的土地驻足后，筑城共居。随着商业和手工业的兴起，为了寻找新的市场和原料来源，又开始了规模浩大的第二次移民。后来我们通常所说的希腊城邦主要就是由这些殖民地构成的。移民建邦严重破坏了原有的以血缘关系为基础的社会组织，建立了带有"契约"意味的政体，这样，地域划分代替了血缘划分，城邦的联合代替了家庭的联合。随着贵族政治的建立，产生了带有普遍性的法律资格即公民概念。这是权利观念形成必不可少的一个因素。

此外，还有另一个不可忽视的因素：在古希腊传统中，有关正义的观念很早就有。他们所崇拜的女神之一——正义女神，以手持丈量土地的两脚尺来代表其身份。可见，起初正义是指调节人与人之间财产关系的道德准则。正义是利益冲突各方适可而止，保持一定的度。因此，尽管在古代希腊，并没有产生"权利"这个词语，但他们已经有了由正义观念所支持的权利观念。

如果在古希腊人那里，"权利"还只是一种观念的话，那么到了罗马人面前，"权利"概念最终被创造了出来。其中的重大意义在于：首先，罗马人通过法律确立了个人相对独立于家长的地位，以公民权利侵蚀家长权利；其次，罗马人创造了万民法的概念和原则，承认并保护外邦人的权利，形成了比较成熟的人类共同权利概念；最后，罗马法还确立了一系列体现个人平等和自由的法律原则。其中涉及今日我们所要谈的文化权利的方面有：信教自由、言论自由和出版自由。言论自由包括元老院里的言论自由，集会中的言论自由和私人生活里的言论自由。

时至今日，尽管在现代汉语中，人们对"权利"和"文化权利"概念的运用十分普遍，但耳熟未必能详，风移未必俗易。人们对于公民应当享有的文化权利并没有完全具有自觉意只有当人的文化权利得到充分的尊重和实现，文化建设的兴趣、热情和创造力才能得到最大限度的发挥，文化的创新、智慧、包容和力量要素才能充分聚集。

识。今日的中国已完全不同以往，改革开放及市场经济的发展，使中国迅速走上了现代化道路，这就必然要求人们的思想观念向现代转型：呼唤"以人为本"的人文精神，培育公民文化权利的自觉意识。马克思和恩格斯在《共产党宣言》中就说过："每个人的自由发展是一切人的自由发展的条件。"要实现人的全面发展，就需充分尊重人的价值，肯定人的作用，把人的生存和发展作为根本目的，作为一切活动的出发点和最终归宿。中国是一个注重人的全面发展和自由实现的国家。因此，实现公民文化权利是我们社会发展过程中的应有之义。

随着中国逐步迈入小康社会和城市化进程的加速，中国的现代化建设已经进入了一个新阶段，公民的文化需求变得更加突出，文化权利的实现问题也变得更加迫切。因为，现代化包括政治、经济、社会等诸多方面的内容，但最根本、最核心的是人的现代化，即促进人的全面发展，造就一批适应和推动社会进步的合格的现代公民。这也是中国社会实现现代化的基本保障。社会的现代化呼唤着人的现代化，而人的现代化，又要求文化的现代化。党和政府把文化建设提到建设执政党和提高国家综合国力的战略高度，也正是适应中国现代化发展的整体要求而做出的选择。

而从文化发展与公民培育的关系来讲，最为根本的环节就在于，通过不断满足广大人民群众的文化需求，为公民的文化素养的提高创造必要的保障条件，充分实现其应有的文化权利。只有当人的文化权利得到充分的尊重和实现，文化建设的兴趣、热情和创造力才能得到最大限度的发挥，文化的创新、智慧、包容和力量要素才能充分聚集。因此，公民文化权利的实现不仅是现代政府对公民社会的重要承诺，是促进社会全面进步、创造更加美好生活的不可或缺的主要内容，也是提高国民整体素质的重要组成部分。

文化权利在属性上与其他权利有共通之处，它是一种道德权利。文化权利具有一定的独立性，它与道义上人的全面发展紧密联系，具有道德性。与道德是人类社会发展的一定阶段上社会物质生活条件和精神文化的产物一样，文化权利的产生以及人们对此的诉求也是人类文明进程的产物。即便在西方，人们认识到文化权利和它的道德性，其实也是一种缓慢发展的结果。当我们径直追溯到历史开端时，可以发现书写文字初现时，并不是所有人都可以识字问学，尽管这在现在看来，似乎是很平常的事，但在人类的早期却是与特权相联系，民众与此无缘。受教育权、言论自由、宗教自由等文化权利也有类似的经历。

文化权利不是特权，而是一种普遍权利。尽管在现实中普遍性并没有实现，但从理论上来说，文化权利应该是不分种族、阶级、国籍、肤色、年龄、职位、身份等，由一切人享有。而文化的个性和独立性也必须以人人平等为其出发点。从历史的发展中可以看到，凡文化普及之处，必是文化兴盛之地，必是文明发达之邦。

希腊曾是欧洲文明的起源地，在远古时代的希腊雅典，大体上人人随时都有受教育的机会。受教育是个人终身连续的过程，人人都可能成为别人的教育者。教育是整个社会的目的。正是因为文化教育的普及性，才使得它创造了众多人类优秀的文明成果，对后人影响至深。英国历史学家贡布里希曾说过，古希腊人是史无前例的最大的精神权利的支柱。这一权利被人们称之为教育。而这权利的堡垒是图书馆。譬如雅典就有这样一座希腊图书馆，它拥有 70 万卷书，这些书就像是古希腊的士兵，它们占领了整个世界。这个世界帝国今天还存在。这就是文化的力量！

文化权利的普遍性还意味着一种文化的包容能力。文化包容与文化平等、多样性相关，而文化的平等、多样性则可以促进文化流动。任何一个地方，如果文化是流动的，那么就说明这个地方的文化充满生机活力，可以在交流、碰撞中，得到创新发展。此时文化资源也不仅仅是局限的，而是更大空间的拓展。事实上，注重文化包容性，利用文化资源的世界性流通来进行文化生产，并在全球范围内获益的例子举不胜举。

文化权利是一种反抗权利，它的出现是人类文明进步的体现。历史上，文化通常被视为一种特权，一种特殊阶层的权利。在传统社会，文化结构呈金字塔形，越向上文化水平越高，参与社会的能力越强；越往下文化水平越低，越远离社会管理和文化创造。占主导地位的文化阶层拥有优先影响社会的手段，这使得社会主流文化的产品能得以广泛影响，而非主流的文化则被窒息得非常微弱。文化被文化阶层垄断，人民则游

文化权利的普遍性还意味着一种文化的包容能力。文化包容与文化平等、多样性相关，而文化的平等、多样性则可以促进文化流动。

离于文化享用之外。

对文化权利的诉求则反映了人们反抗文化特权、反抗统治者在文化上压迫、限制的愿望。历史上历朝历代的统治阶级掌握着社会的专政工具，占有各种资源，垄断了社会政治、经济和文化，体现的只是统治阶级的意志。而人民群众处于被剥削和奴役的地位，连最基本的生存权也被剥夺，更谈不上文化需求的满足。在现实中，文化权利逐步增长乃至进化为人权，正是人们反抗政治专制和精神压迫的斗争不断取得胜利的结果。可以说，作为一种普遍的、不可让与的、具有广泛内容的人权，文化权利应该受到法律的充分保障，任何人或任何权利均不得侵犯、限制或剥夺。

市民文化权利既指市民对城市公共文化资源最低限度的获取能力，也指市民参与文化生活的能力，以及在参与各种文化领域的决策和执行能力。市民文化权利包括的内容很多，如相当程度的文化生活的水准，充分的文化表达的空间，基本的文化需求的满足，等等。总体来说，文化权利包括四个基本层面的内涵：享受文化成果的权利、参与文化活动的权利、开展文化创造的权利和文化成果受保护的权利。

享受文化成果的权利。随着公益文化事业的飞速发展以及文化产业的成长对文化生产所做出的大规模的推动，文化产品和文化成果的总量已经极大丰富了，社会文化供给的能力也大大增强。如何给公民创造更多的文化享受的条件，将是文化权利实现的最为基本的内涵。其中包括对影剧院、图书馆、博物

文化权利包括四个基本层面的内涵：享受文化成果的权利、参与文化活动的权利、开展文化创造的权利和文化成果受保护的权利。

文化权利并不是可有可无或可多可少的东西，而是公民必须得到保障的重要的基本权利，是社会文明与进步程度的标志之一，是完善公共文化服务体系的核心问题，也是构成衡量政府文化建设绩效的基本指标。

馆等基本的文化场馆的建设与安排，对文学、戏剧、电影、音乐、舞蹈等多种多样文化产品的生产与供应，等等。

参与文化活动的权利。如果仅仅是享受文化成果，那还停留在基本的甚至是被动的层面上。与此同时，还要通过开展各种各样、不同层次的社会文化活动，使广大人民群众能够得到充分的文化参与的权利。自娱自乐的文化广场的普遍形成、业余的民间文艺社团的大量产生，就表明现代社会文化参与的广泛的群众基础。要实现公民的文化权利，就必须要最大限度地提供和创造老少咸宜、各得其所的参与文化活动的条件与氛围。

开展文化创造的权利。最能体现公民文化主体意识的是文化创造的开展，这也是社会主义的本质特征之一。只有当全社会的资源都被充分调动起来，并投入文化创造活动中，才能切实形成一个大规模的文化建设的高潮，才能使群众的文化创造热情和潜能得到极大的发挥。没有这种自由的文化创造的空间和机制，文化权利的实现仍将停留在较低层次上，还不能真正造就具有文化创造力和想象力的现代公民群体。

文化成果受保护的权利。即对个人进行文化艺术创造所产生的精神上和物质上的利益享受保护权，这与文化创造权利是紧密联系在一起的。如果没有形成对知识产权的保护机制，没有有效地保护文化创造成果，必然会打击人们开展文化创造的积极性。同时，也不利于知识经济的健康发展。因为，知识经济是建立在知识、信息的生产、分配和使用基础上的经济。对知识产权的保护是知识经济时代将智力资源作为第一要素进行资源配置的条件，是知识经济实现资产投入无形化的基础。知识产权保护的水平，是反映和衡量知识经济发展水平的重要标尺。

狭义地看，文化产业的核心是版权产业，而文化产业的发展依赖于知识产权的保护。要想最大限度地保障人民享有优秀的文化成果，政府必须加强对知识产权的保护，严厉打击各种假冒伪劣、侵权盗版等行为。保护科学、文学或艺术作品所产生的精神利益和物质利益，正在成为现代社会的共识，保护知识产权也因而正在成为文化权利的不可分割的组成部分。政府对文学、科学和艺术作品的作者和版权所有人的权利提供充分和有效的保护，可以保证作者和版权所有人自由处置其文化作品，不受干涉地享受其文化作品的利益，有利于建构全社会尊重知识产权的合理秩序，从而加强个体对社会和文化生活的参与性和创造性，形成文化作品的公共利益和私人利益的良性互动。

文化权利并不是可有可无或可多可少的东西，而是公民必须得到保障的重要的基本权利，是社会文明与进步程度的标志之一，是完善公共文化服务体系的核心问题，也是构成衡量政府文化建设绩效的基本指标。

而完备的公共文化服务体系是实现公民文化权利的基本保障。维护公民文化权利并确保其得到充分的实现，关键在于制度建设和体系设计。建立并完善公共文化服务体系，就是以实现公民文化权利为目的的制度设计和体系建设，是满足公民文化权利的一种有效途径与方式。只有不断加强公共文化基础设施和服务网络建设，开展丰富多样的文化节庆活动，坚持把发展公益性文化事业作为保障人民基本文化权益的主要途径，才能最大限度地向公众提供数量多、水平高的公共文化产品，让全体公民真正享受到文化成果带来的种种好处，并为他们进行文化创造提供良好的社会环境和条件，最终实现公民文化权利。

如何实现公民文化权利，是包括政府、民间在内的全社会共同的文化责任。对于政府来说，文化权利的提出，意味着对自身文化职责的全面检讨，即把公民文化权利的实现程度作为政府文化绩效考核的重要指标；而对于公民来说，文化权利的诉求与文化需求的日益增长密切相关，文化权利是现代公民身份建构的主要内容。特别是，针对市民多样的文化需求，既要做好公共文化服务的普及，又要注重市民文化品位的提升；既要保证基层文化生活的丰富多彩，又要体现文化艺术的人文精神内涵，在娱乐中引导，在引导中满足，在满足中提高，真正发挥公共文化产品服务人民群众精神生活的积极作用。

希腊神话中大地之子安泰—— 一个勇士——大地母亲的儿子，每当这位勇士奋战到力竭、被对手击倒在地之时，他会奇迹般地立刻一跃而起，恢复如初。因为他一旦倒在地上，他的母亲——大地，就会重新输送给她的儿子巨大的力量。在实现市民文化权利过程中，同样需要这样一个坚实的基础，才能

文化的发展体现着人的发展，凝聚着人的创造力，人本身才是文化的出发点和落脚点。城市文化发展，从根本上说依赖于人对于文化的需求、参与和创造。

得到源源不断的力量。这个坚实的基础，就是人民群众，确切地说，就是存在于人民当中的文化创造力。因为，文化的发展体现着人的发展，凝聚着人的创造力，人本身才是文化的出发点和落脚点。城市文化发展，从根本上说依赖于人对于文化的需求、参与和创造。

未来，要更好地实现市民文化权利、促进文化繁荣昌盛，就必须坚持依靠"大地的力量"，进一步发挥市民在文化建设中的主体作用，将文化建设转化为人们的自觉追求。通过广泛宣传，在全社会营造文化参与、文化创造的浓厚氛围，潜移默化地影响人们的思想观念、价值判断和道德情操；不断推出更多反映人民主体地位和现实生活、倡导真善美、弘扬民族精神、群众喜闻乐见的文化产品和服务，让广大市民充分享受文化的熏陶，拓宽其参与文化建设的渠道，提升其参与文化活动的积极性、主动性和创造性。

最大限度地实现市民文化权利，正是创新型、智慧型、包容型和力量型文化的自觉目的。

注释

[1]〔意〕葛兰西:《葛兰西文选》，中央编译局译，人民出版社，1992，第5页。

13

科技、创新与力量

TECHNOLOGY AND
THE INNOVATION AND
STRENGTH OF CULTURE

丹麦文化部、贸易产业部：《丹麦的创意潜力》——探讨文化与商业中间地带的经典研究报告。

文化与科技的融合正是文化大发展的先决条件，甚至可以说，文化要大发展大繁荣，文化与科技融合是铁律。

　　尽管文化的创新与其他领域的创新具有不同的特点，文化的一些重要领域的创新甚至几乎与科技手段无关，但科技进步往往会成为文化发生革命性变化的直接推动力，也是文化繁荣的重要推手。在当今文化流动时代，科技正以前所未有的态势影响着文化的生产、传播和消费，创造着新的文化发展模式。因此，文化与科技的结合是创新型、智慧型、包容型、力量型文化的重要实现途径，其中尤其突出的是，科技进步与文化的创新、科技进步与文化力量的形成本质相关。

　　科技进步与文化创新的互动是人类社会文明演进的主旋律。综观人类历史，文化的发展始终与科技进步紧密联系在一起。农业社会时期，古代中国的四大发明，特别是造纸术和印刷术，大大降低了学习的成本，提高了知识传播的效率，推动教育从贵族向平民社会迅速普及，社会生产力随之得到提高；17、18世纪的西方，由培根、莎士比亚等人所推动的人文主义思潮，为牛顿等科学家们进行科学探索并提出新的理论营造了优越环境，加上海上贸易的扩大和市场意识的形成，为纺织机、蒸汽机等技术的发明和产业化创造了有利条件，从而将人类带入了工业革命的崭新时代；而20世纪下半叶以来的信息技术革命，特别是90年代互联网、移动通信技术的不断升级和在全球范围的广泛应用，更是极其深刻地改变了人们的工作和生活方式，催生出新的文化样式，精彩纷呈的文化产品和文化消费，无一不是文化与科技有机结合的产物。历史表明，科技是文化形态演进的催化剂，科学技术的每一次重大进步，都会给文化发展带来革命性变化。

在科学技术迅猛发展的当今时代，科技正日益广泛渗透到文化领域，革命性地改变了文化的生产方式、传播方式和消费方式，赋予文化新的内涵、新的功能和新的形态，科技与文化相互融合和相互促进从来没有像今天这样紧密。如丹麦的一份文化与商业研究报告就指出：

> 硬件与软件的制造齐头并进。每当新科技诞生，也同时产生新的可能性，而内容生产者不但相辅相成，也会回头刺激科技更进一步发展。[1]

无论是从中国发展的路径，还是从世界发展范围来看，文化与科技的融合正是文化大发展的先决条件，甚至可以说，文化要大发展大繁荣，文化与科技融合是铁律。这个铁律，已经被整个人类文化发展史所证明。

科技促进文化创新、形成文化的力量的最直接表现是文化产业的勃兴与强势发展。文化与科技的结合极大地提升了文化产业的竞争力和可持续发展能力。在文化产业中，"内容为王"，没有内容，机器、设备等硬件只是空壳。但内容的创新往往又必须以科技为前提和手段，文化产品的生产和文化服务的提供都需要现代科技支持。文化只有借助于科技的力量，才能以更快的速度、更新的内容、更活的形式、更广的受众得以转播。文化与科技的结合，一方面将极大地提高文化产业的科技含量，丰富文化产品的表现形式，提高文化产品的附加值；另一方面将使高科技找到新的应用领域，提升科技

科技进步与文化创新的互动是人类社会文明演进的主旋律。

产品的文化内涵，拓展市场空间，降低发展风险。文化科技产业作为一种新型的产业业态，可以实现文化与科技之间的优势互补和相互促进，大大增强产业的整体竞争力和可持续发展能力。

正因为如此，文化与科技的紧密结合，还是西方国家摆脱经济危机的重要经验。文化产业的部分重要领域具有反经济周期的特性，经济繁荣带动了文化产品的消费，新消费需求成为产业结构升级的力量；但同时，经济危机也蕴含着文化产业加快发展的重大机遇，促进了文化产业的深度发展、逆风飞扬，成为摆脱危机的重要途径。经济危机使文化产业面临一次新的调整，技术落后、竞争力弱的劣势产业将逐步萎缩，而知识密集、附加值高的优势产业将得到充分发展，新兴的文化科技产业将获得更多的发展机会和更大的发展空间。经济危机大大降低了科技研发、技术引进、人才引进的成本，为加快文化科技创新提供了新的机会：用较低的成本和价格引进国外的先进技术和文化科技设备，增加文化的科技含量，提高文化产业的附加价值，也能够利用文化科技产业加速发展的良好态势，吸引一批具有国际水准的高素质人才。

例如，日本在亚洲金融风暴发生后，大力促进产业结构调整，实施"文化立国"战略，制定了《振兴文化艺术基本法》及其《基本方针》《文化产品创造、保护及活用促进基本法》，打出"将美国霸占全球文化产业剩下的那一半收入囊中"的口号，以动漫为突破点，发展成有世界影响的文化产业大国。

再如，曾在亚洲金融危机中陷入经济谷底的韩国仅用了短短 5 年时间，就再度崛起，又一次创造了经济增长的奇迹。这一奇迹的背后，正是韩国政府力推的文化科技产业所起到的关键性作用。韩国在网络宽带基础设施建设上十分迅速，但其更把发展网络游戏等应用作为关键，把电子游戏产业作为 21 世纪的核心产业，不仅要将其培养成重要的出口行业，还要借游戏和影视剧向全世界推广韩国文化。实践证明，韩国推动文化科技产业的远见，使他们重新赢得了市场。

近年来，在欧债危机的冲击和经济增长长期低迷的情况下，文化科技产业已成为重要的引擎产业角色，成为区域与城市经济转型和产业升级的重要动力和领域。例如，法国积极扶持文化创意产业，2012 年的文化预算不减反增，政府坚定表示"文化预算不能减少一分一厘，因为文化可以有效抵御经济危机"；其文化部工作重心之一就是资助并推动文化行业的数字化，电影产业成绩斐然，连续四年稳步增长，2011 年观影人次破 45 年来最高纪录，并有 450 部影片在海外放映，收入同比增长 10%；艺术品拍卖市场行情不降反升，丝毫没有受经济危机影响，并连年创下骄人的销售业绩。

英国更是这方面典型，1997 年最早提出"创意产业"概念，近年来相继发布《创意英国》《数字英国》报告，提出打造全球创意产业中心。创意产业已成为其经济引擎、就业人口最多产业，超过任何一种传统制造业产值，即使在经济形势最严峻的 2009 年，创意产业外贸额也达 89 亿英镑，占出口总额 10.6%。伦敦奥运会给人留下最深刻印象的是展示了英国创意产业的强大实力，据预测，2012 年伦敦创意产业产值将超过金融业而成为第一产业，正成为"世界卓越的创意和文化中心"；工业革命发源地之一曼彻斯特，实施"创意之都"发展战略，打破了经济衰落局面，城市华丽转身，成为有重要影响的创意产业集散地。

文化流动在以前主要依靠人的流动，如移民。但在当代由于信息技术的进步、传播手段的变化、文化传播的载体和媒介的变化，使新技术、新媒体的作用和人的作用一样重要，甚至更加重要起来。

无论我们愿意不愿意承认，科技对文化的影响都是日益深远，并且文化的流动与科技的进步日益相关。如 20 世纪二三十年代，在北京唱京剧的人为什么一定到上海才能唱红？余秋雨对此做了一个很好的解释：因为上海当时有世界上最先进的印刷机，在北京需要一周才能印出一张报纸，上海今天演明天就能见报，这就是技术在文化流动中体现出的强大力量。借助科技的力量，文化流动的速度、规模乃至质量都有持续不断的提升。

当今时代，带动全球文化增长的主要动力之一更是来自科技的进步及其对文化内容的需求。从发展态势看，多媒体与电信技术的整合带来文化内容生产、发行和消费手段的一体化，科技进步带来的发行渠道数量增加和销售平台的发展，使人们对文化内容的需求日益增加、对文化产品的需求的增长，并促进艺术和文化表现新形式的产生。

新的通信技术带来不断变化的文化生产和消费模式。新一代消费者开始使用网络、移动电话、数字媒体等方式，文化体验的范围不断扩大，也将消费者从文化信息的被动接受者变成文化内容的积极创造者。今天，任何一个人都可能成为"产销者"，即交互式文化内容的生产者和消费者的结合。"产销者"的出现为文化产业发展提供新的生产和消费模式。

王京生：《文化是流动的》——一种新的文化基础理论。

例如，我们所熟悉的 3D 电影《阿凡达》，剧本早在十几年前就已经形成，只是限于当时的技术水平，电影迟迟未能面世。在拍摄之前，卡梅隆和他的搭档就在钻研技术，他们自行研制开发了 3D 摄像机等技术。可以说，卡梅隆是在全面升级了各种拍摄技术以后，才开始电影的拍摄。事实证明：技术和文化联姻的魅力电影《阿凡达》全球风靡，引发了全世界 3D 电影的浪潮，不仅成就了卡梅隆，更重要的是让人们见识了科技与文化结合的力量。

文化创新对科技的依赖程度大幅度提高，引起了一系列新的变化。文化流动在以前主要依靠人的流动，如移民。但在当代由于信息技术的进步、传播手段的变化、文化传播的载体和媒介的变化，使新技术、新媒体的作用和人的作用一样重要，甚至更加重要起来。

科技进步实现的时空压缩，使世界变得越来越小，也使文化的流动比以往任何时候都要更加便利和快捷，文化的流量也获得爆发性增长。信息和传播技术发展的非物质化、非领土化过程，使文化与地理的关系开始弱化，文化的局域性得到一定程度的消解。如数字化正在对文化认同产生相当大的影响，尤其是在年轻人之间。比尔·盖茨曾经预言，信息高速公路将打破国界，并有可能推动一种世界文化的发展，或至少推动一种

当今时代，带动全球文化增长的主要动力之一更是来自科技的进步及其对文化内容的需求。

文化活动、文化价值观的共享。

科技的进步带动了全球化时代文化流动的新变化，文化的力量因为科技的进步得到极大增强。联合国教科文组织认为这种变化具有三大特点：互通性、互动性、融合。互通性是指互联网、移动电话等新兴通信技术，使全球信息流与人们居住环境之间的相互依存度越来越高，大幅上升的媒体互联互通率是文化互动不断加强以及文化融合不断加快的具体体现。互动性是指受众从相对被动接受预定的传播内容，到主动参与文化、信息的制作和传播，用户生成的内容越来越多。融合是指用一个平台——电脑或手机——就可以完成各种截然不同的功能和活动，人们可以从数量可能无限大的娱乐、信息和文化产品中做出选择，并完成更大范围的迁移和互动。

近年来，我国文化建设呈现前所未有的发展态势，究其原因，一靠改革，二靠科技，这种现象在新兴城市尤为明显。新兴城市文化底蕴并不深厚，文化资源相对薄弱，但却能在经济快速发展的同时，实现文化崛起，特别是文化产业的飞跃，在新兴文化领域占领制高点，靠的主要是科技。

文化力量的强大，在于科技的支撑。科技正成为文化大发展大繁荣的强大引擎，文化与科技相融合，是文化走向大发展大繁荣的重要条件、重要路径和重要标志。文化力量的强大，更在于文化本体的开拓。文化本体是文化形态的本质和精髓，是形成文化价值、文化需求、文化消费和文化市场的基础和源泉。随着科技的日新月异，文化本体也会不断演变，促进文化变革、树立文化导向、形成各种新文化的思想核心和精神支柱。文化本体的开拓和科技的支撑，为文化的立体式扩张提供了全方位的强大动力。

约翰·霍金斯：《创意经济——好点子变成好生意》——创意经济的入门之作。

在此背景下，科技创新与文化产业发展脱节的形势得到根本扭转。那种在以往生产力相对落后、社会节奏相对缓慢的历史背景下，一项科研成果被文化产业"热捧"几十甚至上百年的情况不复存在，反倒是科技创新改造文化传统产业的程度越来越深。在发达国家，文化产业的发展已不是量的叠加而是质的飞跃，以头号文化产业强国美国为例，百老汇音乐剧科技含量之高，使其他国家许多传统表演艺术根本无法与之抗衡；好莱坞影城和迪士尼乐园各种艺术和科技融会贯通的表演，在世界各地都有人为之着迷。

实践证明，通过加大文化产业的科技含量，不仅将极大地提升中国文化产业的档次和水平，也将推动中国文化产业全面参与国际市场竞争。把高科技、高文化含量融为一体的新兴文化科技产业，是最具发展潜力的高端产业，是中国文化产业发展的希望所在。

从掌握国际文化竞争主动权看，现代科技的迅猛发展正在带来全球文化竞争格局的重大调整，各国都在谋求借助高新技术增强自身文化软实力，科技已成为文化核心竞争力的重要方面。从一定意义上说，谁拥有了高新技术的优势，谁的融合步伐快，谁就占据文化发展的制高点、掌握文化发展的主动权。中国在国际文化竞争中所面临的压力，一个重要方面就是与西方发达国家之间的科技差距。只有加快高新技术的开发应用，促进文化与科技的紧密融合和创新，才能不断提升中华文化的传播力、影响力，培育文化优势，维护国家文化主权，拓展国家利益，实现中华文化的伟大复兴。我们应该有这样的文化责任和文化自信。

创意经济之父约翰·霍金斯在谈到创造力与科技的关系时宣称：

二十世纪开始时，列宁曾说过："共产主义是苏维埃组织加上电学。"在二十一世纪伊始之际，我也不妨这么说："新经济是创造力加上电子。"[2]

可以预期，随着科学技术的不断进步，人类的文化生态、文化类型、文化的传播方式，将越来越千姿百态，乃至发生革命性的变化。这种变化趋势不受地域和国家的限制，将最终融合各种文明，缔造出崭新的人类文明，人类将享有空前的文化繁荣。而这一切最有价值的部分，就是各种文化作品的原创性，是每一部作品文化与科技相结合的、具体的精微型式。正如古人在各种器物上巧夺天工的工艺水平一样，文化与科技相结合的作品、产品中，也将诞生种种光彩熠熠的精品，从而不断丰富人类文化的创造宝库。中华民族正站在新的文化宝库的大门前，让我们以生动的"文化＋科技"的创造，去继续书写我们引以为傲的五千年文明史吧！

注释

［1］ 丹麦文化部、贸易产业部:《丹麦的创意潜力》，李璞良、林怡君译，台北典藏艺术家庭股份有限公司，2004，第 87 页。译文略有改动。

［2］〔英〕约翰·霍金斯:《创意经济——好点子变成好生意》，李璞良译，台北典藏艺术家庭股份有限公司，2003，第 317 页。

14

包容的市场

INCLUSIVE MARKET

文化与市场之间具有复杂的相关性。市场对智慧、力量是一把双刃剑，市场突出的是工具理性，尤其是市场与消费的互动关系在一定条件下会消弭文化的力量。但总体而言，市场在创新、智慧、包容和力量的形成中具有不可替代的作用，创新型、智慧型、包容型、力量型文化可以通过市场实现。

在相当长的时期里，人们都认为市场与文化之间有着清晰的楚河汉界，各自驰骋在自己的疆域，相互独立甚至时而对立。在传统的经济理论中，市场更多的指向消耗性物质产品的生产、流通、分配和消费。而文化则主要属于上层建筑和意识形态领域，一般不用市场手段来生产和消费。因为，劳动大众是创造物质财富的主体，而文化的生产和消费主要属于社会精英阶层或贵族阶层，不需要靠市场来发展、来壮大。

随着社会的不断发展，特别是市场经济的壮大，文化的力量日益体现在经济社会发展的每一个链条中，人类对文化与市场的关系逐渐有了更为深入的认识。文化越发展，越离不开市场的支撑，脱离了市场的文化难以繁荣昌盛，甚至会走向衰败乃至消亡。

同时，文化会影响甚至规范引导着市场的行为，拥有自觉的文化价值导向，会让市场发展步伐变得稳固、坚定而持久。在追求经济利益的同时不忘守望精神的家园，我们的社会才有希望，才有可能真正迎来文化的大发展大繁荣。因为，文化不仅是手段，更是目的。

事实上，从人类历史长河看，文化与市场之间始终交织错杂，即使是最原始最落后的市场形态中，也或多或少地包含着文化因素。很长时期内，文化在经济增长中的作用，一直被忽略。有人甚至认为，推动市场繁荣、经济发展的引擎只有科学技术，而文化是多余的。所谓"文化搭台、经济唱戏"的口号，曾在 20 世纪八九十年代风行一时，这种把文化和市场、文化和经济截然分开的认识，是工具理性信奉者的思维定式。

随着后工业时代的来临，文化与市场之间的界线日渐消弭，呈现互动融合的态势，甚至出现了一种新的经济形态——文化经济。传统社会的文化是小众文化、精英文化，而现代社会的文化更多的是大众文化。从精英文化走向大众文化，打破了少数人的文化特权和文化垄断并不只具有政治进步意义，还意味着形成了大众文化市场和文化消费。这就为当代社会的文化市场、文化产业的兴起和持续发展创造了前提。因此，"文化搭台，经济唱戏"的这句"经典"口号，应该变为"市场搭台，文化唱戏"才对。

文化与市场的相互渗透和融合，已成为 21 世纪世界经济社会发展的一个重要特点。文化已渗透到国民经济的各行各业中，人们生活的各个方面，在推动市场发展和丰富人的生活中大有作为。正如美国学者米切尔·J. 沃尔夫在《娱乐经济》一书中所言，文化、娱乐，而不是那些看上去更实在的汽车制造、钢铁、金融服务业，正在迅速成为新的全球经济增长的驱动轮。

早期法兰克福学派对文化与市场的这一融合趋势进行了批判。1944 年，流亡美国的德国哲学家马克斯·霍克海默和西奥多·阿道尔诺共同发表《文化工业：作为大众欺骗的启蒙》一文，以批判的眼光看待"文化工业"，认为现代文化"完全掉进了商品世界中，是为市场生产的，目标也在市场上"。法兰克福学派看到的是市场对文化的消极作用，但历史的演进却越来越将市场对文化的积极作用展现出来。

最直接的呈现是，文化与市场的互动催生了文化产业或创意产业的发展，极大地促进了文化的创新，提升了文化的力量。

文化产业或创意产业完全改变了传统社会中人们从事文化生产活动的目的是满足自身精神生活的诉求。市场上大量采用先进的科技设备进行文化产品的生产，使文化成为以最大利润为目的、以巨额资本为手段、用标准化大批量生产方法进行文化生产活动的行业。它是现代市场运作模式向文化领域渗透的结果，是工业化生产方式向文化领域扩张的必然产物。这对全社会人们的生活方式与精神世界，对当代人的心理结构与社会结构，都产生了前所未有的巨大影响。

文化产业或创意产业的出现，为解决失业问题直接或间接地创造了大量的全职的、兼职的和临时的工作，缓解了就业压力；创造力成为推动经济发展的引擎，对城市 GDP 的增长具有重大贡献；"文化价值"与"创意价值"具有建设性的态度和目标，可以促进城市积极且持续的发展，提高居民的生活质量；通过对文化创意商品和文化创意服务的消费可以重塑文化身份，引导新的消费方式，对商品附加内容的争夺再次成为民族文化与霸权文化抗衡的焦点。因此，从国家到城市，发展文

文化与市场的互动催生了文化产业或创意产业的发展，极大地促进了文化的创新，提升了文化的力量。

化产业或创意产业都成为不可避免的战略选择。

"资本和技术主宰一切的时代已经过去，创意的时代已经来临"，这是今天美国从硅谷到华尔街的流行语。创意经济的发展加速了文化的流动，这一点从美国可窥见一斑。好莱坞从中国传统文化中汲取了宝贵的创意，推出了动画大片《花木兰》和《功夫熊猫》等，赢得高额票房的同时将中华文化介绍给了世界，促进了文化的流动。美国的历史只有几百年，但拥有的博物馆数量巨大。他们不仅收藏自己的历史，更热衷于收藏别人的历史。在纽约大都会艺术博物馆众多永久艺术收藏品中，包括许多出众的古典艺术品、古埃及艺术品、几乎所有欧洲大师的油画及大量美国视觉艺术和现代艺术作品，以及大量的非洲、亚洲、大洋洲、拜占庭和伊斯兰艺术品，可以说是"世界乐器、服装、饰物、武器、盔甲的大总汇"。

文化与市场的互动，还催生了一个新的阶层——创意阶层，文化的创新和文化的力量拥有了可持续存在的源泉。

创意阶层的流动代表了文化的流动，而创意阶层流向哪里，哪里的经济就会发达，文化就会繁荣。最典型的例子是，美国政府通过政策倾斜，吸纳世界各地的文化人才，无形中充实了其文化产业的人才队伍。从 20 世纪 50 年代起，美国就多次修改移民法，规定只要是专业"精英"，可不考虑国籍、资历和年龄，一律允许优先进入美国。来自不同国家的人才贡献给美国的不仅是其本人的才华，而且还带来风格各异的文化，给美国文化产业输送了巨大的创造力和生命力。全球正在掀起

文化与市场的互动，还催生了一个新的阶层——创意阶层，文化的创新和文化的力量拥有了可持续存在的源泉。

一场新的争夺创意人才的大战，世界各国各城市都在纷纷制定政策吸引人才，唯恐落后。这一趋势也充分表明，文化与市场的深度融合带来的是文化的创意、创新。

文化与市场的互动，也使文化流动的速度和规模实现质的跃升，文化的力量在流动中可以实现快速聚集和不断强化。

无论是批判也好、赞赏也好，市场的突飞猛进对文化的流动产生了前所未有的、复杂的、深刻的影响。凡工商业发达之地，必为文化兴盛之邦，这在历史上是有过无数例证的。像20世纪初的上海，高度发达的现代化，极大丰富的物质、商品，使上海率先进入消费市场，而文化生产也繁荣一时。因为，没有雄厚的经济实力，没有发达的市场环境，没有较高的消费水准，要想推动文化的大规模流动和增长是不可能的。文化对市场的这种依赖作用越来越不容忽视，否则文化就不在这里流动了，物的流动和人的流动没有了，城市的文化也就式微了。

在文化与市场的互动中，文化生产的要素在资本的纽带中以前所未有的速度聚集和流转，文化产品的规模化生产和批量销售使文化传播的速度和效率全面提升。季羡林先生所说的"文化一旦产生，立即向外扩散"，在文化与市场互动的时代成为真正的现实。

从更大视野看，文化与全球化市场的结合，影响着文化的全球性流向，带来文化的扩张、侵略和融合的浪潮，决定着一个民族或国家在世界上的影响能力。发达国家对此深有认识并大加利用，凭借其雄厚的文化产业，大肆向全球市场倾销其文

在文化与市场的互动中，最容易被人忽视，也是最重要的维度是市场为文化所注入的巨大包容能力。

化产品，推广自身的价值观念和生活方式，推广自己的文化。文化发展被当成了重要的国家发展战略，本国文化产业的发达与否，决定着在这场文化"战争"中角逐的输赢。

例如，通过教育和文化交流、大众媒介传播及大规模的文化产品输出，拓展美国价值观是美国维持其强大国际地位的重要手段。正如马修·弗雷泽在《软实力：美国电影、流行乐、电视和快餐的全球统治》一书中所指出，美国在世界的领导地位必须依靠美国生活方式、文化、娱乐方式、规范和价值观对全球的吸引力来维护。其中包括以电影展示实力和魅力，通过电视建构全球性帝国的乐土，借助音乐特别是流行音乐走向世界，以及实现可口可乐的殖民化和麦当劳统治。塑造美国人英雄形象的好莱坞大片就是最好的例子。

泰勒·考恩：《商业文化礼赞》——一位经济学家对资本主义文化的深度考察。

从目前西方文化日益成为全球市场主导的现实来看，这种文化推广的力量，已经远远大于历史上十字军东征的血腥屠戮和亚历山大大帝的强迫移植，而其对国家民族乃至全人类的影响将在不见硝烟、潜移默化中更加长远而深刻。这也更好地说明了，在制定未来的城市文化战略时，必须把促进文化流动作为一项重要的战略选择，没有市场化的文化运作所带来的推动力量和影响力，文化的大规模流动与扩张是不可能的。

在文化与市场的互动中，最容易被人忽视，也是最重要的维度是市场为文化所注入的巨大包容能力。

文化与市场的互动，也使文化流动的速度和规模实现质的跃升，文化的力量在流动中可以实现快速聚集和不断强化。

这是因为，市场对文化产品和文化服务需求的增长已经成为文化发展的一个重要引擎，市场所创造的不断变化的文化消费模式推动了文化的发展，消费者在技术进步和市场活力的共同作用下，成为文化产品的制造者或创作者，也极大地激励了文化的创新和流动。

如泰勒·考恩将文化与艺术用作两个可以互换的术语，他在《商业文化礼赞》一书立论的基本架构就是市场中生产者、消费者和销售商三者之间的互动关系。他说：

> 销售把生产者和消费者联系起来，无论产品是香皂、面包，还是贝多芬的音乐作品。由此形成的供求两方的接触刺激艺术创作动力，传播艺术创作的产品。离开了市场供求关系的另一方，无论是艺术生产者还是艺术消费者都无法得到发展。离开了对艺术家和消费者的吸引力，销售商就无法获利。[1]

也正是在这种互动过程中，市场为文化注入了良好的包容性。

首先，市场为文化包容提供经济条件。

文化的包容能力与文化的独立能力和发达的文化市场密切相关，没有独立能力，没有市场，文化就不可能有足够的包容能力。泰勒·考恩说，"艺术独立要求经济独立和强有力的商业市场"[2]，"意大利文艺复兴时期的艺术家们首先是生意人"[3]，"巴赫、莫扎特、海顿和贝多芬都着迷于通过艺术来赚取金钱"[4]。正是市场为这一个个光芒四射的文化艺术之星提供了广阔的空间。

市场经济促进了艺术家的独立性，使其从消费文化

的公众的直接需求中解放出来。……商业社会是经济繁荣、生活舒适的社会，提供了丰富多彩的专门市场；艺术家在其中能够找到满足其创作欲望的途径。[5]

其次，市场不只生产劣质的文化，也会生产高品质的文化。

针对大多数人相信市场机制只会生产出劣质艺术，布鲁诺·费莱在《当艺术遇上经济——个案分析与文化政策》一书中指出：

布鲁诺·费莱：《当艺术遇上经济——个案分析与文化政策》——搭起文化与经济的桥梁。

> 其实正因为我们对市场运作模式有所误解才会促成"市场机制制造出劣质艺术"这个普遍概念的产生，而从实证主义的观点来看，观念也是不正确的。事实上，市场机制可以生产出高品质的艺术，甚至有可能是最高品质的艺术。若要了解这个论点，就一定要探讨"市场"背后的本质。市场只是反应需求的机制：如果对劣质艺术有需求，劣质艺术应然而生——若对优质艺术有需求，优质艺术则应运而生。[6]

市场经济时代文化发展的这种逻辑，确保了文化具有良好的包容性，规模经济对大众品味的认同并不意味着对优质文化艺术需求的压制。

最后，也是最重要的一点，发育良好的市场支持文化的多样性。

人们习惯认为，规模经济、流水线生产、市场营销导致的是文化价值、艺术品位、欣赏情趣的日益趋同，文化的同质化倾向日益严重。实际上，如泰勒·考恩所言，市场"具有支持每一种艺术的能力"[7]，市场经济是一种充满活力的制度构架，"它支持多种艺术观念的同时并存，使新的、令人满意的作品源源不断地涌现出来"[8]，市场交换"形成多种多样的艺术，而不是仅仅满足某种特定情趣的艺术"[9]。

布鲁诺·费莱也直截了当地指出：

> 市场的最大好处之一，就是允许并培养了"多元性"。市场反映出的品位，毋需由专业的委员会或专家的认可。这提供了更多的机会让创新的想法涌现，保持了艺术的活力。开放的市场可说是垄断艺术品位的解药。[10]

在文化流动时代，创新型、智慧型、包容型、力量型文化与市场之间没有冲突，越是在市场中凝聚力量、成长壮大的文化，就越有创新性，越是充满智慧，越是具有良好的包容性，也越是充满力量。

当然，我们也应该看到，一方面，市场配置了文化资源，为文化的生长提供了条件，市场往往是对的，真正好的文化是经过并经得起市场检验的。但另一方面，市场并不必然能解决文化的所有问题，包括有关创新、智慧、包容、力量的所有问题。

这是因为，其一，市场的机制决定了它可以为一切东西提供平等的机会，包括好的和不好的，它允许一切东西不加遮拦地进入，一切东西都能在市场中寻找到土壤滋生和成长。市场

好的机制就是要注意到市场里面消极的东西，通过制度化的安排，尽量减少不良的东西产生的可能性，控制和铲除那些存在问题的东西。

一方面为好的、健康的东西提供丰厚的土壤，但有时候也会为一些不好的东西，甚至是我们所说的"毒草"——反道德、反人类的东西——提供土壤。所以市场上的东西往往是五花八门，需要我们一个个去鉴别。好的机制就是要注意到市场里面消极的东西，通过制度化的安排，尽量减少不良的东西产生的可能性，控制和铲除那些存在问题的东西。

其二，市场与人的本性相契合，而人的本性是多方面的，既有真善美，也有假恶丑。市场选择的法则不具有道德的约束力，市场就是一切从各方面的需要出发，而需要有从人的本能的需要到高层次的精神的需要，有对一些腐朽没落的东西的需要，对未来的无知妄说等东西的需要，甚至有对旧时代的呼唤，虽然旧时代已经过去了，但还有一些人需要那些东西。纯粹市场是不受道德法庭审判的，所以必须由政府和社会舆论、法律等形成监督机制。

实际上，我们提出追求什么样的文化繁荣，就考虑到了市场的两面性。好的文化必然能够经过市场的检验，但必须看到有时市场上会生长出许多我们不希望看到的东西——对创新型、智慧型、包容型、力量型文化有消极作用的东西，这是我们在文化发展和文化繁荣中必须高度重视的问题。

> 在文化流动时代，创新型、智慧型、包容型、力量型文化与市场之间没有冲突，越是在市场中凝聚力量、成长壮大的文化，就越有创新性，越是充满智慧，越是具有良好的包容性，也越是充满力量。

注释

[1]〔美〕泰勒·考恩:《商业文化礼赞》，严忠志译，商务印书馆，2005，第 20 ~ 21 页。

［2］〔美〕泰勒·考恩:《商业文化礼赞》，严忠志译，商务印书馆，2005，第 21 页。

［3］〔美〕泰勒·考恩:《商业文化礼赞》，严忠志译，商务印书馆，2005，第 24 页。

［4］〔美〕泰勒·考恩:《商业文化礼赞》，严忠志译，商务印书馆，2005，第 24 页。

［5］〔美〕泰勒·考恩:《商业文化礼赞》，严忠志译，商务印书馆，2005，第 22 页。

［6］〔瑞士〕布鲁诺·费莱:《当艺术遇上经济——个案分析与文化政策》，蔡宜真、林秀玲译，台北典藏艺术家庭股份有限公司，2003，第 14 ~ 15 页。

［7］〔美〕泰勒·考恩:《商业文化礼赞》，严忠志译，商务印书馆，2005，第 10 页。

［8］〔美〕泰勒·考恩:《商业文化礼赞》，严忠志译，商务印书馆，2005，第 3 页。

［9］〔美〕泰勒·考恩:《商业文化礼赞》，严忠志译，商务印书馆，2005，第 11 页。

［10］〔瑞士〕布鲁诺·费莱:《当艺术遇上经济——个案分析与文化政策》，蔡宜真、林秀玲译，台北典藏艺术家庭股份有限公司，2003，第 16 页。

15

智慧的阅读

WISE READING

阅读是创新、智慧、包容和力量的重要源泉，而城市的出现既推动了阅读，也因其对人类知识、智慧资源的大规模集中运用，推动了文明的发展和社会的进步。阅读因此也成为人类最重要的可持续发展资源，在世界历史中具有不可替代的重要作用。

就人类文明发展而言，城市的兴起是个具有里程碑意义的历史事件。美国学者乔尔·科特金就此指出：

> 城市的演进展现了人类从草莽未辟的蒙昧状态到繁衍扩展到全世界的历程。正如法国神学家雅克·埃吕尔曾经注意到的，城市也代表着人类不再依赖自然界的恩赐，而是另起炉灶，试图构建一个新的、可操控的秩序。[1]

城市兴起与知识生产、文明积累、智慧传承等信息沟通的相互需求是有着直接的对应关系的。

在科特金所建构的城市发展模型中，神圣、安全、繁荣是三个主要变量，三者既是世界城市发展的普遍特征（城市经历的普遍性），同时也是城市取得成功的关键所在。在他看来，对于城市而言，地点的神圣、提供安全和规划的能力、商业的激励作用是决定城市全面健康发展的三个关键因素，在这些因素共同存在的地方，城市文化就兴盛；反之，在这些因素式微的地方，城市就会淡出，最后被历史所抛弃。[2]

显然，科特金所建构的城市发展模型是极具历史洞察力和解释力的。但对其理论进行深入的讨论不是本章的重点，我们在此关注的是，假如科特金所说的三个因素构成了城市兴起或衰落的关键，那么我们从知识、智慧等信息交换的角度出来，来探讨阅读与城市三要素的隐秘关系。

在我们看来，城市兴起与知识生产、文明积累、智慧传承等信息沟通的相互需求是有着直接的对应关系的。比如所谓神圣，主要是基于宗教或政治意义上的，如古巴比伦人都把他们的城市与神祇密切相连，在中国，都城不仅是世俗权力所在地，也是"中央王国"的中心。而为了维系城市空间的神圣性，统治者需要建构一种社会和道德的秩序，以确立城市臣民共同的道德认知。在此间，我们可以发现，要达到这一目标，必须形成一个信息交流的系统，它既包括某种宗教仪式（如占卜），也包括口头或文书（符号）系统的上传下达。这种信息交流系统不仅对于神圣空间的建构是重要的，它对于军事防御意义上的安全以及促进城市商业繁荣来说也同样如此。

本尼迪克特·安德森：《想象的共同体——民族主义的起源与散布》——理解人类社会诸多现象不可或缺的指引。

具体来说，在城市兴起所产生的极为繁复的社会效应中，其最大的效应之一是人口的相对集中，或者反过来，人口的相对集中促进了城市的兴起。而人口的集中产生了交换的需要，其中最重要的是知识、信息的交换。在城市形成的最初意义上，城市社会是个陌生人的社会，人们从四面八方汇集、生活在一起，或从事物质生产，或从事贸易，由此慢慢形成一种不同于乡野的城市社会形态——一种不完全依托传统部族、亲族关系建立起来的社会交往和扩展模式。在此情况下，知识、信息的交换就显得特别重要：除了空间意义上横向的知识、信息交换（人们据此了解外面的世界），还包含了时间意义上纵向的知识信息交换，即通过口口相授、代代相传，人们可以了解和想象以往所发生的历史。对于后者而言，上古以来发达的口头文学和神话系统，维系了人类对过去的历史记忆，积累了人类对世界的感性认知，成为人类远古时代最为重要的知识和信息交换方式之一。

知识、信息交换总是依赖于某种媒介。面对面的交流当然也是一种媒介方式，但因其固有的局限性，人类从出现以来就在追寻一种更长久有效的知识、信息媒介，以克服信息交流上的时空限制。也正是在此意义上，我们之所以说文字的出现是人类进入文明时代的标志，就是因为文字作为一种抽象符号，它在人们的约定俗成中被赋予特定的意义后，成为人类信息交往的有用工具，极大地克服了人们交往的信息难题：除了口头表达，人们将信息存放在被发明出来的语义符号系统中，固化了信息交往的通道，使人们的生产、生活经验与思想智慧得以不断地累积和传承，最终推动人类的进步。

文字的发明、书写载体的改进、大量书籍的出现与由此驱动的人类阅读需求与知识智慧的增长，是相辅相成的。

文字出现以后，人们又开始寻找文字书写的工具和载体。在公元前 14 世纪的中国商代，人们将文字符号刻画在龟骨、牛骨或鹿骨上，其目的是占卜福祸；而生活在美索不达米亚平原的苏美尔人，为了记账，将芦苇秆的一端削成切面呈三角形的尖锋，然后在泥板上刻印，形成著名的"楔形文字"，它成为辅助记忆和交流思想的有用载体。类似的情形也发生在古埃及。埃及人发明了更具符号系统性的象形文字，并将之写在纸莎草纸或麻布上。再到后来，欧洲人把文字抄在羊皮上，印度人则写在铜板、桦树皮或棕榈叶上，如此等等。在此过程中，中国人在汉代所发明的造纸术，不仅使大量的纸张替代了原来的简帛，改进了文字书写工具和降低了书写成本，而且随着后来印刷术的发明，一种新的信息交流媒介——印刷书（区别于以往的竹简书或羊皮书）便应运而生。对于印刷术在人类文明进程中的意义，孔多塞在《人类精神进步史表纲要》一书中指出：

> 印刷术无限地（而且花费很小地）增多了同一部著作的印数。从此，凡是懂得阅读的人就都有能力可以有书并按照自己的兴趣和需要得到书；而且这种读书的便利又扩大并且传播了进行教育的愿望和手段……知识变成了一种积极的、普遍的交流的对象。[3]

文字的发明、书写载体的改进、大量书籍的出现与由此驱动的人类阅读需求与知识智慧的增长，是相辅相成的。正如美国兰登书屋的创建人贝内特·塞尔夫所说：

> 阅读是一种心灵的享受。阅读的快乐不在人家告诉了你什么，而在于借此你的心灵得以舒展开来。任何时代的智慧，任何长久为人类所喜爱的故事，我们都可以用极小的代价从书页之中获得，但我们必须先知道如何去接触这些宝藏，如何能从中获取最大的好处。[4]

而这一进程伴随城市的兴起和发展，则呈现了更为壮观的图景。城市的出现，显示了人类能够以最深远而持久的方式重塑自然的能力，表达和释放着人类的创造性欲望，它从一开始就是人类艺术、宗教、文化、商业、技术的积聚地，也是推动人类文明进程和智慧发展的主要驱动力。

从文化角度看，以城市为中心的书写与阅读行为主导、形塑了人类文明的走向和面貌。在古希腊，雅典、马其顿等城邦是其文明的发祥地，尤其是雅典，不仅会聚了当时最为知名的学者，而且经由他们的设坛讲学，使思考、辩论、阅读、撰述之风四处弥漫，营造了浓郁的城邦文化氛围。尤其是著名的柏拉图学园，在柏拉图生前及身后，存在了几百年之久，它与亚里士多德所设立的吕克昂学堂等一起所开创的阅读传统和智慧型文化，不仅惠及希腊世界，而且通过后来的"希腊化"，扩展到东方的小亚细亚和北非的地中海沿岸，并在亚历山大城结出最大的异域之果：马其顿的崛起结束了希腊城邦政治，亚历山大大帝的东征将希腊文明散播到东地中海沿岸及波斯、阿富汗地区，从公元前 3 世纪开始，希腊文化的重心就逐步从雅典转移到尼罗河口的亚历山大城，而托勒密王朝所建立的亚历山大学宫也继柏拉图学园、吕克昂学堂后，成为西方世界的文化重镇和学术中心。[5]

在某种意义上，所谓"希腊化"，其实是指人员、书籍及其所蕴含的思想智慧跨地域流动的产物。在人员方面，亚历山大城之所以能取代雅典的地位，完全是因为经由当时剧烈的政治变动后欧几里得、阿基米德、阿里斯塔克斯等人及其学生向亚历山大汇集的结果。在书籍方面，借助托勒密王室巨大的财富、权力、威望设立的亚历山大学宫，其图书馆建设规模极其庞大，不仅包括书库、阅览室、编目室、抄录室等，而且在藏书方面，由于王室不惜成本各处搜集，全盛时期达到 50 万册之巨。亚历山大学宫对文化、科学人才和各种典籍的网罗，不仅对希腊文明的传承有莫大之功，也使希腊文明的发展达到顶峰，其影响后来更是扩展到整个欧洲和伊斯兰世界。

弗雷德里克·巴比耶：《书籍的历史》——通过书籍的发展变化展示人类文明进步的历史。

而在中国，文字的发明及各种书写工具的出现，自商代始，从 19、20 世纪之交河南安阳殷墟遗址挖掘的结果来看，除了青铜器上的金文，甲骨文的发现使中国的汉字符号系统找到了其最初的源头，也标志着中国历史进入了有文字可考的文明时代。自 1899 年以来，人们先后在殷墟遗址出土了甲骨 10 万余件，共约 4500 字，记录了从盘庚迁殷至商朝灭亡 273 年的历史。而安阳作为殷商都城，其甲骨文遗址的发现也成为我们考察中国书写系统与城市文化关系的一个起点。在此后几千年的文明进程中，中国文字的演化过程伴随了整个中华文化的发展过程，并通过王朝政治而与城市联系在一起。从商周时期开始，中国的城市发展就与国家的演进相关联，即以国家中心的城市发展模式，最终构织成以大大小小的行政管理中心为节点的城市网络，后来随着内部贸易网络和远洋经济交往的发展，又出现了一种新型的城市——商业中心，如开封、广州、漳州等。尽管在中国，是政治而不是其他（如商业）决定着城市的命运，但城市文化对城市发展的影响却是特别引人瞩目的：在宋朝的开封，由于传统商业活动导致的严格宵禁管制的放松，刺激了城市文化名副其实的发展，街道上人流如过江之鲫，兴盛的店铺、酒肆和妓院比肩而立，大众文学和各种群众娱乐活动非常活跃。[5]

如果说城市是文化的容器，那么书籍则是人类社会进步和智慧增长的阶梯。法国学者巴比耶在《书籍的历史》一书中，仔细梳理了西方书籍的历史及其与文明发展的关系，尤其是古登堡15世纪引发印刷革命以来西方文明的发展：

> 只要我们把话题扩大到一切与文字文明有关的因素，中世纪后期突现的"现代性"与各种图书资料的极大丰富便跃然纸上，一目了然。简言之，出现了三种截然不同的趋势：首先登场的是"专业化"趋势；然后，与前者恰恰相反，"大众化"趋势风起云涌；最后，图书逐渐成为社会指示物，或者引用皮埃尔·布尔迪厄的说法——"权力的象征"。[7]

在专业化方面，一批新的知识分子当时已能熟练地驾驭文字书写，新的手稿形式应运而生并得到广泛传播；在大众化方面，文字和图书在大众中的普及率有所提高，文字也满足了大众的种种需求，日益受到人们的重视，手抄书生产规模日见扩大，发行量与日俱增，皇宫与城市手工场吸收了大批艺术家和手工匠。

但与此同时，由于社会人口的识字率依然偏低，使得文字和图书依然是属于少数特权阶级（如城市宫廷人员和教士阶级）的专利和"权力的象征"。而古登堡印刷革命的深远意义正在于，它一方面通过技术有效地打破了特权阶级对阅读权利的垄断，使更大范围的社会化阅读成为可能，从而有利于社会识字率和知识传播速度的普遍提高，另一方面也直接推动了马丁·路德的宗教改革以及文艺复兴时期人文主义、启蒙运动理性主义的传播；而所谓的"印刷资本主义"也为现代民族国家的兴起（"想象的共同体"），以及后来欧洲、美洲一系列的近代革命事件的发生准备了思想条件。如本尼迪克特·安德森指出：

> 资本主义、印刷科技与人类语言宿命的多样性这三者的重合，使得一个新形式的想象的共同体成为可能，而且自其基本形态观之，这种新的共同体实已为现代民族的登场预先搭好了舞台。[8]

其中值得特别指出的是，由古登堡的印刷新技术所推动的活字印刷业，在地理分布上无不是在人口稠密、交通便利、经济繁荣、宗教地位优越、文化发达尤其是知识者汇集的城市地区，如英国的伦敦、牛津，法国的巴黎、里昂，德国的科隆、美因兹，意大利的罗马等，由此可见城市在人类现代文明史尤其是阅读史上超乎寻常的地位。

同样的情形也在中国发生。由于书写载体的早熟和发达，中国自西汉以来就出现了数量很大的各式学校，这对于普及教育、提高社会识字率、推进学术思想发展乃至形成一个大一统的帝国（所谓"书同文、车同轨"）都发挥了重要的作用。而汉代造纸术的发明到宋代的活版印刷，极大地推动了中国图书事业与中国文明的同步发展，形成了极为深厚的阅读传统和思

如果说城市是文化的容器，那么书籍则是人类社会进步和智慧增长的阶梯。

想积累。尤其是南宋以后，随着江南的大规模开发及中国经济重心的南移，太湖流域成为全国最富庶的地区，南京、杭州等成为人口超过百万的大都市，这无形中也助长了江南的印书、读书风气，形成文化昌盛、文人荟萃、思想活跃的局面。以苏州为例，据不完全统计，在清代统治的 268 年里，通过科举取得功名的状元有 114 名，其中苏州就有 26 名；张慧剑编著的《明清江苏文人年表》，收江苏各地文人 5420 人，苏州一地有 1290 人。苏州风物清嘉，地灵人杰，之所以自古就是一方养育人才、滋润人才、造就人才的沃土，无疑与其长期形成的读书氛围与人文传统紧密相关。

进入近现代以来，阅读与城市的发展关系更为密切。在西欧，近代工业革命从英格兰发端后扩展到欧洲及北美大陆，现代资本主义生产方式因此迅速崛起并扩散开来，而西欧的海外殖民与全球贸易体系的加强，则进一步推动了城市（尤其是处于交通核心节点的港口型城市）的发展，使城市汇集资源的能力超过了以往的任何时代。其中，除了各类经济、政治资源，相比于中世纪散布于乡村的修道院文化系统，城市在文化资源上的集聚和扩散效应，显然是近代人类文明发展的新现象。比如伦敦，作为工业革命以来大英帝国的首都，伦敦不仅是当时欧洲最大的城市和世界经济的中心，同时也是世界文化的中心：

> 文化的民主化在欧洲其他城市清晰可见。技术的进步使普通民众有越来越多的机会接近书籍……这种

新的精神在伦敦最为突出。在 16 世纪末伊丽莎白女王统治时期，伦敦变成了包括从戏剧到激烈的科学与技术辩论等一切展示新事物的精彩的舞台。长期以来被禁锢而且使人心生恐惧的知识，此时被看作最有价值的东西。[9]

在伦敦，不仅有大量的大学、图书馆、博物馆等文化设施以及发达的近代出版业（如图书、杂志、报纸的印刷、出版和发行），而且汇集了狄更斯等一大批著名的作家、学者、艺术家，使伦敦不仅成为现代文化的全球生产中心，而且引领了世界文化消费（如图书报纸、文学艺术、生活品位消费）的风尚和潮流，从而进一步强化了伦敦作为"世界资本主义首都"的地位和世界对大英帝国的文化想象。

同样的情形也在法国巴黎和美国纽约等大城市接连出现。法国作为欧陆的传统大国，巴黎作为法国的首都城市，这里不仅有欧洲最古老大学之一的巴黎大学，有各式画廊、咖啡馆、书店、博物馆等公共空间，有数量庞大的艺术家群体，而且巴黎人还讲着一度是欧洲最高雅语言的法语，在贵族夫人所主持的沙龙上侃侃而谈。一切的一切，都营造着、散发着巴黎独特的文化魅力，吸引着各地文化人前来定居生活。在北美，作为英国海外殖民的典范之作，位居哈德逊河口和大西洋交界处的纽约，不仅是欧洲殖民者和海外移民的"天堂"，而且由于其独具优势的港口地理优势，使之很快就成为联系北美与欧洲经济关系的枢纽，并因欧洲大量移民的到来而崛起为新的文化中心。

　　而在远东，日本明治维新以来，东京在日本的功能作用迅速取代了京都的传统地位，而其在阅读文化上的高度发展，最突出的表现是它迅速成为东亚翻译出版中心的文化角色，其对大量西方文献的及时翻译出版，不仅使明治维新运动向更深入的方向发展，促进了日本近代文化的成功转型，而且其思想影响遍及东亚地区，其中就包括经日语转译的西方语词大量进入中国，间接地推动了中国文化的近代转型。在中国，上海作为1840 年后开埠的港口城市，同样以其江海交汇的优越地理位置而崛起为"远东第一大城市"，近代上海不仅工商业发达，而且也是中国近代文化的发祥地，特别是其发达的新闻出版业，如商务印书馆是全国最大的出版社，《申报》是全国发行量最大的报纸，这均使之超越北京成为中国近代文化发展的中心，更加凸显其在中国首屈一指的城市地位。

　　20 世纪以来，以城市为中心的现代大众传媒的兴盛，对人类的阅读史、社会发展史的意义可以说是划时代的。当然，在此之前，大众传媒早在 18 世纪就发挥了其独特的政治文化功能，如弗雷德里克·巴比耶在《书籍的历史》中就详细考察了大众传媒是如何经由"政治化"而推动美国和法国大革命的。[10]从根本上说，借助现代科学技术、民主政治、社会革命运动的此起彼伏，城市大众传媒彻底改变了人类的阅读形态，更大范围地推动了人类的进步。单就技术层面而言，19 世纪以来陆续发明的电报、电话、电影、电视、照相机、留声机、传真机、录音机、摄像机、复印机、卫星通信、光纤电缆、计算机、互联网等，标志着人类迈入一个全新的信息化时代，它一

信息化、网络化、城市化、全球化时代的到来，预示着一种更加多样化、个性化、交互化的阅读局面的逐渐形成，从根本上改变了过去以文字为主要媒介的单一阅读形态，这虽然导致了传统新闻出版业陷入深刻危机，但也预示着世界城市文化发展崭新的可能前景。

方面极大地便利、拓展了人类信息发布与知识交集的渠道，加速了以新闻出版业为代表的信息产业的高度繁荣和信息的民主化进程，另一方面依托城市资本和知识集中的资源优势加速了出版和阅读市场的产业化、全球化，使城市文化形成一个日益繁复、发达的发展局面。

对于阅读而言，信息化、网络化、城市化、全球化时代的到来，预示着一种更加多样化、个性化、交互化的阅读局面的逐渐形成，从根本上改变了过去以文字为主要媒介的单一阅读形态。这虽然导致了传统新闻出版业陷入深刻危机，但也预示着世界城市文化发展崭新的可能前景。更何况，阅读方式的改变并没有改变阅读本身的功能与作用：阅读增长智慧，阅读增进交流，阅读带来愉悦，阅读汇聚人心，阅读传承文明，阅读推动人类发展进步。

尤其是在阅读增长智慧方面，诚如英国哲学家罗素所言：

阅读将使我们与伟大的人物为伍，生活于对崇高思想的渴望中，在每一次困惑中都会被高贵和真理的火光所照亮！[11]

英国作家毛姆也曾这样写道：

如果你在图书馆待上一天，不管这座图书馆有多小，当你面对着人类积累下来的无穷智慧，你的心中只会满怀敬畏，甚至会夹杂着淡淡的悲哀。想想看吧，有多少美妙的故事你从未听过，有多少对重大问题的探求你永远不会去思考，有多少令人欣喜、发人深省的思想你无法分享，有多少人付出了艰辛的劳动为你服务而你却不会去收获劳动成果。[12]

近年来，电视、网络等媒体的兴起，丰富多彩的娱乐形式的增多，分散了人们对传统阅读的关注。但正如法国作家阿兰将读书与做梦相提并论一样，读书的乐趣在于在阅读的过程中神思飞扬、了无羁绊，依着作者的文字找寻自身心灵放飞的家园。更重要的是，在"历史讲述人们做了什么，艺术讲述人们创造了什么，文学讲述人们感觉到了什么，宗教讲述人们信仰了什么，哲学讲述人们思考了什么"的意义上，对历史、艺术、文学、宗教、哲学等的广泛阅读，将是人们通往获取知识、智力、智慧的指示器和方向牌。而在这个越来越多的人生活在城市的时代，更加多元、更加丰富的阅读方式和阅读空间也有效地普及了人类发展的知识成果，有效地解决了社会各阶层的信息鸿沟，更大可能地通过阅读实现公民的文化权利和文化平等，激发与释放城市的发展潜能、文化个性和精神品格，为建构美好城市生活创造文化条件。

注释

〔1〕〔美〕乔尔·科特金:《全球城市史》，王旭等译，社会科学文献出版社，2006，第1页。

〔2〕〔美〕乔尔·科特金:《全球城市史》，王旭等译，社会科学文献出版社，2006，第5页。

［3］〔法〕孔多塞:《人类精神进步史表纲要》，何兆武、何冰译，生活·读书·新知三联书店，1998，第101～102页。

［4］〔美〕贝内特·塞尔夫:《阅读的乐趣》，林衡哲、廖运范译，《出版视野》2005年第6期。

［5］陈方正:《继承与叛逆——现代科学为何出现在西方》，生活·读书·新知三联书店，2009，第235页。

［6］〔美〕乔尔·科特金:《全球城市史》，王旭等译，社会科学文献出版社，2006，第1～5页。

［7］〔法〕弗雷德里克·巴比耶:《书籍的历史》，刘阳等译，广西师范大学出版社，2005，第79页。

［8］〔美〕本尼迪克特·安德森:《想象的共同体——民族主义的起源与散布》，吴叡人译，上海世纪出版集团，2011，第45页。

［9］〔美〕乔尔·科特金:《全球城市史》，王旭等译，社会科学文献出版社，2006，第125～126页。

［10］参见〔法〕弗雷德里克·巴比耶《书籍的历史》之《第十三章大众传媒与政治大革命》，刘阳等译，广西师范大学出版社，2005，第302～317页。

［11］转引自邢宇皓《阅读给你智慧和力量》，《光明日报》2006年4月20日。

［12］转引自邢宇皓《阅读给你智慧和力量》，《光明日报》2006年4月20日。

16

消费文化还是消费主义

CONSUMER CULTURE
OR CONSUMERISM

理性的消费文化并不排斥创新、智慧、包容和力量要素，但非理性的消费文化会导致社会的堕落、腐败、意志力减退。

在当今文化流动时代，消费文化是创新型、智慧型、包容型、力量型文化发展中无法回避的问题。这是因为，消费从来就是一个富有争议的话题，特别是其往往是自我消弭性文化实现的重要方式。

但我们首先应该看到的是，消费永远是一种需求，是一种时尚，也往往是创新的动力。从更深层次上讲，消费是人类生存和发展的必要前提，是人生命活动的组成部分，也是人再生产自身的重要手段。消费受人的需要推动，而需要是与生俱来的人的"内在规定性"。这种规定性渗透着人的目的、意图与选择，也是人全部活动的内在动力。

在当代实践中，消费在很大程度上与文化和经济的融合相关联。消费与文化之间可以建立良好的相互促进关系，如文化与经济的融合在很大程度上促进了文化艺术的发展，文化消费成为新的消费热点。经济在文化艺术发展中所起到的作用可能比我们通常认为的更大，经济的繁荣使得人们能够通过艺术谋生，大量的人才投身于文化艺术，无形中促进了文化的繁荣。

消费文化本是一个中性的概念，理性的消费文化并不排斥创新、智慧、包容和力量要素，但非理性的消费文化会导致社会的堕落、腐败、意志力减退。

非理性的消费文化所信奉的是消费主义。

现代西方社会为了克服生产过剩与消费不足的矛盾，走上了无限扩张消费的道路。不但从技术手段上刺激消费，更以消费主义取代以勤奋、俭朴为核心的清教徒文化，从价值观层面对其进行了彻底的颠覆，最终使消费成为人生目的。消费主义所倡导的消费不同于一般经济意义上的消费，消费的目的不再是为了满足现实生活的需要，而主要是为了满足被现代广告和大众传媒所不断刺激出来的欲望。也就是说，消费的目的主要是获得商品与服务的符号象征价值，而不是传统意义上的使用价值。

迈克·费瑟斯通：《消费文化与后现代主义》——对消费文化进行社会批判性分析的经典。

　　随着全球化的深入，消费主义文化野火蔓延。在其影响下，中国正在进入一场消费革命，城市首当其冲。大家在争先恐后地消费，年轻人信奉着"我消费故我存在"的价值信条，远离政治，不关心社会公共事务，沉浸在各种"符号消费"之中不能自拔。先富阶层的"奢靡"消费非但没有起到"先富带后富"，回报社会的作用，反而造成了财富的大量流失、贫富间矛盾冲突加剧、社会不公平的凸显。

　　消费主义鼓励的是非理性消费，而不是适度的，考虑到生产力水平、生态承载能力、社会公平、人的全面发展等方面因素的理性消费。因此，在消费主义的生活方式中，购物和消费是生活的全部内容，并将这一切与美好生活和人生意义联系起来。

　　消费主义以大众传媒为载体，以普通大众为影响对象，以鼓励消费时尚为宗旨，引导和要求人们通过市场消费来体现所谓的"品位""价值""人格"等。它本质上是一种大众文化，弥漫着深厚的商业气息，较少政治色彩，也不宣扬"沉重"的精神追求。例如各种广告、肥皂剧、时尚期刊，网络文化等，都充斥着大量消费信息，娱乐性极强，引领时尚生活的潮流。而真正的文化所表现的人的尊严、价值、自由、精神、崇高等反而在这样的文化中被消解了。

> 遵循享乐主义，追逐眼前快感，培养自我表现的生活方式，发展自恋和自私的人格类型，这一切，都是消费文化所强调的内容。[1]

费瑟斯通在此提到的"消费文化"显然是指消费主义的文化。

在消费主义语境下，个人消费的商品价格越高，他的社会地位就越高。由此引发的奢侈消费之风带来了生态危机、社会不公、无直接利益冲突等诸多社会隐患，直接影响着中国社会的稳定和发展。与此同时，消费主义价值观不仅悄然影响着人们的生活方式，更在深层次上冲击着人们的思想价值观，使社会主义意识形态面临着消解的境遇。[2] 因此，消费主义不仅是一种时尚的生活方式，而且是一种渗透到社会深处的价值理念。它鼓励人们到消费中去寻找人生的价值与意义，将消费作为精神满足和实现人生价值的根本途径。

在对消费文化的引导中，我们需要破除的是文化即娱乐的错误观念。

消费主义并没有给我们带来真正的幸福和满足，却带来了城市文化精神中最宝贵的理想、信念、道德、崇高等的丧失。当人们沉溺于无休止的消费之中，当消费成为个人幸福的象征时，人们也就丧失了对人生最高理想的追求，取而代之的是难以满足的无穷尽的欲望，人的本质精神就此迷失。不仅如此，他还会影响到国家、民族及其文化的命运。就像尼尔·波兹曼所说的那样：

> 如果一个民族分心于繁杂琐事，如果文化生活被重新定义为娱乐的周而复始，如果严肃的公众对话变成了幼稚的婴儿语言，总而言之，如果人民蜕化为被动的受众，而一切公共事务形同杂耍，那么这个民族就会发现自己危在旦夕，文化灭亡的命运就在劫难逃。[3]

因此，创新型、智慧型、包容型、力量型文化主张和引导理性的消费文化，反对和拒斥非理性的消费主义。

首先，在对消费文化的引导中，我们需要破除的是文化即娱乐的错误观念。

今天中国的一些城市，娱乐业兴盛，媒介发达，我们生活的内容越来越"丰富"，人们消费着各式各样的文化内容，各类娱乐节目如雨后春笋，似乎文化进入了繁盛阶段。娱乐文化冲击着人们的感官和精神世界，甚至贯穿到社会生活的所有方面，包括构成公共话语的严肃事务。人们在消费一切，一切似乎都变成了消费的对象。但是，娱乐消费文化的发展究竟带给我们什么？是不是娱乐文化的发展就代表了文化的繁荣？适度娱乐会使城市充满生机，而过度娱乐又会给城市带来什么？是时候该思考这些本质问题了。

1985 年，尼尔·波兹曼出版了他的代表作《娱乐至死》。在这部作品的前言中，他提到乔治·奥威尔[4]关于《1984》

尼尔·波兹曼:《娱乐至死》——电视时代的盛世危言。

的预言,还提到奥尔德斯·赫胥黎的《美丽新世界》。这两位预言家的预言截然不同,奥威尔警告人们将会受到外来压迫的奴役,而赫胥黎则认为,人们失去自由、成功和历史并不是"老大哥"之过。在赫胥黎看来,人们会渐渐爱上压迫,崇拜那些使他们丧失思考能力的工业技术。他担心,人们由于享乐失去了自由。奥威尔害怕的是那些强行禁书的人,赫胥黎担心的是失去任何禁书的理由,因为再也没有人愿意读书;奥威尔害怕的是那些剥夺我们信息的人,赫胥黎担心的是人们在如海的信息中日益变得被动和自私;奥威尔害怕的是真理被隐瞒,赫胥黎担心的是真理被淹没在无聊烦琐的世事中;奥威尔害怕的是我们的文化成为受制文化,赫胥黎担心的是我们的文化成为充满感官刺激、欲望和无规则游戏的庸俗文化。……简而言之,奥威尔担心我们憎恨的东西会毁掉我们,而赫胥黎担心的是,我们将毁于我们热爱的东西。[5]

在该书中,尼尔·波兹曼想告诉大家的是,可能成为现实的,是赫胥黎而不是奥威尔的预言。他在谈到美国拉斯维加斯城时说,这座城市的标志是一幅 30 英尺高的老虎机图片以及表演歌舞的女演员。

在这里,一切公众话语都日渐以娱乐的方式出现,并成为一种文化精神。我们的政治、宗教、新闻、体育、教育和商业都心甘情愿地成为娱乐的附庸,毫无怨言,甚至无声无息,其结果是我们成了一个娱乐至死的物种。[6]

　　"娱乐至死"不能理解为"将娱乐进行到底"，尼尔·波兹曼想告诉我们的是，电视是一种洪水猛兽，它将——事实上已经开始——导致人类文明的衰落和灭亡。这本书的封面上是为现代人非常熟悉而亲切的生活场景，一家四口，父母亲和两个孩子，坐在电视机前，却只有身躯，没有头颅。它的寓意非常明显，是电视使人类丧失了思考的能力。

　　波兹曼所处的时代媒介远不如今天发达，虽然他只是从电视这一今天对许多年轻人来讲已并非生活主角的问题切入，但我们仍然可以深切地感受到人类所面临的当代文化的困境。包括报纸、广播、电视、杂志在内的四大传统媒介，以及以互联网为载体的数字杂志、数字报纸、数字广播、手机短信、微博、微信等在内的新媒体（又称"第五媒体"），几乎彻底改变了文化消费的方式和内容，虽然这些新媒体在人们获取外界信息方面具有积极意义，但也使人们的思维习惯和文化心理趋向碎片化、平庸化与快餐化。

　　对于一些正在大力发展文化创意产业，刺激文化消费，追求文化繁荣的城市来讲，波兹曼的警示提醒我们，不能用过度娱乐剥夺人们对意义的积极思考，剥夺人们自身的主体性需求。最后，在不知不觉中将人变成完全被动接受，缺乏创造性的"单向度的人"。

　　其次，在对消费文化的引导中，我们可以从以中国文化为代表的东方文明中汲取如何处理物质生活与精神生活关系的心灵智慧。

在对消费文化的引导中，我们可以从以中国文化为代表的东方文明中汲取如何处理物质生活与精神生活关系的心灵智慧。

中国历史上不乏骄奢淫逸的时段，但过去中国人的生活中，一直是"黜奢崇俭"占据主流消费文化地位。与物质生活相比较而言，古人们更为重视精神世界的崇高与超越。无论是"诚意、正心、修身、齐家、治国、平天下"的人生理想，还是"穷则独善其身，达则兼济天下"的精神境界，以及"为天地立心，为生民立命，为往圣继绝学，为万世开太平"的道义担当，"天下兴亡，匹夫有责""舍生取义"的爱国情怀，"富贵不能淫，威武不能屈"的凛然正气，"仁义礼智信"的基本价值等都是我们推崇了数千年的，曾经推动着中华民族走向辉煌巅峰，也曾支撑着我们走出低迷谷底的宝贵精神。

几千年来，中国人一直过着心灵的生活，当基本生活得到满足后，人们更多地追求精神享受。罗素在了解中国文化后曾无比羡慕地说："他们具有极大的作清闲娱乐的能力——看戏、清谈、鉴赏古代艺术品或在优美的环境中散步。"[7] 古人们或流连于山水之间，或纵情于诗词歌赋，或穿梭于市井民俗，他们知足而快乐地生活着。林语堂在《中国人》中描述过这种快乐生活的奥秘："下定决心从生活中获取尽可能多的东西，并且渴望享受已有的一切。万一得不到也不感到遗憾：这就是中国人知足常乐这种天才的奥秘。"人们崇尚精神生活，与自然和睦相处，天人合一，水乳交融，在相对贫乏的物质生活中留下了丰富的文化艺术宝藏。

消费是一门艺术。消费需要的满足程度并不仅仅取决于经济地位，奢侈不等于消费的满足或合理。清代的李渔在《闲情偶寄》中说：

> 创立新制，最忌导人以奢侈。奢则贫者难行，而使富贵之家日流于俗。

消费艺术是教会人们，怎样在消费能力既定的前提下，使消费更合理、更科学、更能满足人的物质和精神两方面的需要，这才是消费应达到的境界。

李渔的消费艺术就将贫富排除在外，"富有天下者可行，贫无卓锥者亦可行"。富者有富者的消费艺术，而贫者也自有贫者的消费艺术。人们在知足的快乐哲学之下，找寻生活之美，用心体会大自然及其身后的美。林语堂先生曾说，17 世纪李渔的《闲情偶寄》中"对于生活艺术的透彻见解"，充分显现了"中国精神的本质"。的确，中国人既有克俭精神，也有极为精湛的消费艺术。

这样的消费文化，充满了理性和智慧，在当代中国仍然有着强大的生命力。在这种境界中，古人达到了对世俗凡事的超脱，达到了心灵的宁静，从丰富的精神世界中找到自我。在客观上也使人们通过对精神生活的追求而达到对物质生活的节俭。这里所讲的"节俭"，绝不是简单的道德约束，更不是否定人正当合理的需要的满足。而是"包含着需要与责任、享受与奉献、创造性与人文性相统一的价值理性，是为经济发展提供必要的伦理张力、为人的存在方式提供价值制衡、使人的世俗性与超越性相统一的一种精神美德"。[8]

在物质财富涌流的当下，有清醒的政府主导，有清醒的学界和知识界的呼唤和警示，有确保高素质的国民不成为消费动物的文化和社会养成机制，我们就可以憧憬一幅消费与创新、智慧、包容、力量互动共荣的文化盛景。

再次，在对消费文化的引导中，我们需要把握消费的本质，凸显和培育文化的创新、智慧、包容和力量特质。

但在工业文明消费观的控制下，人们将消费作为人的自我实现的主要途径，最终成为消费的奴隶，人的自觉性、自主性、能动性和创新性在人们的过度消费中丧失了。沉溺于享受中的个体关注的是我怎样获得享受，关心的是"我要""我快乐""我满足"，至于如何需要、如何快乐、如何满足的问题是不加考虑的。这种自私自利的价值观恰恰是以"公共性""责任"等理念的缺失为代价的。当越来越多的人将自己定位于消费者的角色，并热衷于身体及外在附着物的拥有，而不关注自己作为一个公民的使命，那就会导致社会责任感的缺失、权利意识的淡漠、政治热情的消退、法治精神的弱化以及政治信仰的迷失。[9]

消费为我们提供了一个自我实现的平台，究竟怎样平衡自己与消费之间的关系，通过适度合理的消费达到自我发展的目的，关键还在于人自己如何选择。是将生活目的升华为在精神家园中自由栖息，还是在物的束缚中不能呼吸。崇尚精神生活就要求我们尽可能地简单生活。简单生活并不是过一种苦行僧式的生活，而是要遏制人类过多的欲望以及不合理的需求，转而追求更高层面的精神上的富裕。

真正意义上的消费文化应当是创新型、智慧型、包容型、力量型文化的体现，既追求合理需要的满足，又不被满足需要的对象所奴役。消费的过程应当是一种主动的、有意义的、个性化的、创造性的主体性建构过程，是人不断超越自我、积极寻求生命意义、实现人的生命存在的尊严的过程。正像苏格拉底用"血气"，用正义女神的品性来告诉大家什么才是人类真正应当追求的理想和目标——智慧、真理和灵魂的改善。

　　总之，看似平常的消费行为背后蕴藏着深刻的文化内涵。消费什么，如何消费，体现着一个国家或一座城市的精神气质和文化追求。从本质上看，消费只是人生存的手段，不是生活的目的。理性的消费文化应当以人为本，关注人的生命本质；适度消费，关注人真实的而非虚假的需要；求真扬善致美，关注人的全面发展，最终达到人与人、人与社会、人与自然的公正与和谐。

对消费文化的引导中，我们需要把握消费的本质，凸显和培育文化的创新、智慧、包容和力量特质。

　　在物质财富涌流的当下，有清醒的政府主导，有清醒的学界和知识界的呼唤和警示，有确保高素质的国民不成为消费动物的文化和社会养成机制，我们就可以憧憬一幅消费与创新、智慧、包容、力量互动共荣的文化盛景。

注释

［1］〔英〕迈克·费瑟斯通：《消费文化与后现代主义》，刘精明译，译林出版社，2000，第165页。

［2］林于良：《西方消费主义对中国主流价值观的影响及其应对》，《理论导刊》2013年第2期。

［3］〔美〕尼尔·波兹曼：《娱乐至死》，章艳译，广西师范大学出版社，2004，第202页。

［4］《1984》是英国作家乔治·奥威尔（George Orwell，1903-1950）1949年所著长篇小说，描绘了未来独裁统治下的恐怖情景。

［5］参见〔美〕尼尔·波兹曼《娱乐至死》前言，章艳译，广西师范大学出版社，2004。

［6］〔美〕尼尔·波兹曼：《娱乐至死》，章艳译，广西师范大学出版社，2004，第4页。

［7］〔英〕罗素：《罗素文集》第一卷，靳建国等译，内蒙古人民出版社，1997，第6页。

［8］赵玲：《消费的人本意蕴及其价值回归》，《哲学研究》2006年第9期。

［9］赵玲：《消费维度中的西方意识形态影响与批判》，《政治学研究》2011年第3期。

17

作为样本的深圳文化

SHENZHEN CULTURE
AS A SAMPLE

王京生:《观念的力量》——
"一束有力量的观念"。

深圳对于国家的意义在于，她促进了一系列完全不同于计划经济的新观念、新价值的诞生和社会文化的当代转型。这既可看作是深圳在观念层面（尤其是市场、商业价值）对全国的启蒙过程，也可看作深圳这座新兴的现代化城市在观念文化上极具创新性、开放性的最初展现。

人们谈论深圳时往往存在两个误区，一是将深圳看成一个"经济动物"，二是以为深圳发展的时序是，先有经济后有文化，或者只有经济没有文化。

改革开放之初，深圳、珠海、汕头、厦门一起成为经济特区。都是经济特区，为何深圳一枝独秀？流行的解释是因为只有深圳比邻香港，潜台词是地缘优势使然。这一解释貌似正确，并无可辩驳。实际上，其中最根本的谬误在于，没有看到地缘、经济背后的文化的力量。

观念文化、文化立市、文博会和深圳读书月是解读深圳文化的重要密码。

深圳的成功，首先是因为观念作为文化在这片热土上走在实践前面。这不仅是因为"经济特区"本身从一开始就是观念的产物，更是因为深圳的"敢想敢试敢干"，深圳的视角首先放在土地、法律上，立法走在实践前面。

深圳的发展中，最值得肯定的还是观念的创新。深圳是很多影响当代中国的观念的发源地。深圳的观念的勃兴，不能否认得之于改革开放的伟大社会变革和社会实践，而深圳作为改革开放的"窗口"，得风气之先，受外来文化影响较深也是其中的重要原因。深圳之所以能够产生新观念，是因为这座移民城市的传统观念相对淡薄，是因为这座前沿城市的文化具有开放多元的特征。我们说，深圳是解放思想的产儿，深圳经济特区就是在冲破种种思想樊篱中横空出世的；深圳又是思想解

放的闯将，"敢为天下先"。三十多年来，深圳正是以大无畏
的气概，想常人所不敢想，行常人所未敢行，"闯"入一个个
传统观念的禁区、雷区，引燃一个个振聋发聩的思想观念大爆
炸：关于特区姓"社"姓"资"问题的争论、关于"时间就是
金钱，效率就是生命"的大讨论、关于特区是否继续"闯"的
分歧和争辩……这些先进的观念成为当时中国思想界最受关注
的前沿突破，吸引了成千上万的新移民来到深圳这块陌生的土
地上开发创业，开辟了特区改革发展的新路径，开拓了新思想
新观念的发展空间，使人的思想观念和精神状态进入了一个新
境界，推动了深圳经济的超速发展和社会的全面进步。

深圳对于国家的意义在于，她促进了一系列完全不同于计
划经济的新观念、新价值的诞生和社会文化的当代转型。这既
可看作是深圳在观念层面（尤其是市场、商业价值）对全国的
启蒙过程，也可看作深圳这座新兴的现代化城市在观念文化上
极具创新性、开放性的最初展现。

正是这些观念文化所产生的影响力和感召力，凝聚着深圳
文化的创新、智慧、包容和力量。

在观念文化的引导下，改革创新成为深圳发展的主旋律。
观念文化的力量首先在经济体制改革中充分体现。

深圳的改革以市场化为中心取向，围绕以公有制为主体，
各种经济成分公平竞争、共同发展的多元化所有制结构，对传
统的行政体制、财政与投资体制、基建体制、价格体制、计划

深圳的成功，首先是因
为观念作为文化在这片
热土上走在实践前面。

体制、劳动与工资制度等进行了大刀阔斧的改革。可以说，这一系列的市场化改革不仅奠定了深圳迅速发展的制度基础，为中央 1984 年提出"有计划的商品经济"和 1992 年确立"社会主义市场经济"提供了经验借鉴。

20 世纪 90 年代以来，深圳在经济领域的发展，最大的亮点在于推动高新技术产业、现代金融业和现代物流业等三大支柱产业的崛起。以高新技术产业为例，在深圳 80 年代的工业化初期，工业技术含量低，90% 的企业是劳动密集型企业；而在 1992 年因房地产、股市和贸易滑坡而导致经济低迷后，深圳市委、市政府深刻把握全球经济发展新趋势，做出了"弃低从高"的产业升级战略决策，将目光投向了日新月异的高新技术产业，开启了深圳高新技术产业迅猛发展的历史。如今，深圳已成为世界重要的现代制造业基地，高新技术产业已成为第一大支柱产业，2012 年产值高达 1.29 万亿元；同时，作为中国的科技产业中心，深圳不仅拥有被称为中国科技第一展的"高交会"，而且涌现了华为、中兴、腾讯、富士康、比亚迪等国内外知名的创新型高科技企业品牌。另外，在现代金融业发展上，深圳不仅拥有中国两大证券交易所之一的深圳证交所及数量、规模均位居全国前列的证券、基金和保险公司，而且是中国最具活力的金融创新中心。在现代物流业上，经过外向型经济的多年发展，深圳已成为中国最繁荣的现代商业中心之一：深圳出口额连续 20 多年位居中国城市之首，深圳港集装箱吞吐量位居全球第三，成为深圳实现全球开放性发展的重要支柱。

经济领域的改革创新发展及其所取得的成就，无疑显现了深圳在城市文化性格上极大的创新性和进取心。如在自主创新方面，虽然在深圳由国家、政府兴办的高校、科研机构很少，基础科学研究力量相对薄弱，但科技创新转化的能力在全国却是首屈一指，而且这种基于产学研一体化的科技创新转化能力绝大部分是由最具活力的民营企业来开发完成的，形成了深圳以企业为主体的自主创新体系及特色：一是90%以上的研发机构设立在企业；二是90%以上的研究开发人员集中在企业；三是90%以上的研发资金来源于企业；四是90%以上职务发明中的专利出自企业。2012年，深圳全社会研发投入占GDP比重提高到3.81%，PCT国际专利申请量8024件，占全国40.3%，连续九年居全国首位；[1] 作为其中的杰出代表，华为公司最近10年的研发费用已超过1300亿元，其2012年研发费用支出为300.9亿元，占销售收入（2202亿元）的比例达13.7%，累计申请中国专利41948件，国际PCT专利申请12453件，外国专利申请14494件，专利授权30240件。[2]

可以说，观念文化引导下的创新作为深圳的生命线和灵魂，已深深地熔铸为深圳经济社会发展的内部机能，成为深圳城市文化的核心价值。深圳30多年来所取得的巨大成就，从根本上说就是来自改革创新：从设立经济特区的"国家创意"与战略试验，到对计划经济体制进行大刀阔斧的改革，从当初的"三来一补"低端制造业过渡到高新技术产业、现代金融业、现代物流业为支柱性产业，从依托劳动密集型工厂到涌现出华为、中兴、腾讯、平安、比亚迪等颇具世界影响力的创新型企业品牌，无不见证了改革创新为深圳发展所提供的不竭动力，无不体现深圳作为我国创新型城市建设所取得的巨大成效。

观念文化引导深圳创新、开放、宽容进取的文化性格的形成，又是与深圳独特的城市特征相联系的。作为改革开放以来中国最大的移民城市之一，深圳的人口从成立特区之初的30余万人，迅速扩展到如今总人口超过1800万的城市规模。[3] 作为移民之城，深圳具有纽约、上海等移民城市的普遍性，如开放、包容、多元、创新等，但也具有自身的特殊性，如深圳超大规模的人口集中是在短短30多年的时间内形成的，这在人类城市发展史上可谓绝无仅有；在人口构成上以二三十岁的国内年轻移民为主，具有青春城市的特色；在人口变动上，则具有高度的社会流动性，等等。概而言之，作为毗邻港澳的经济特区和移民城市，深圳从一开始就具有开放性、创新性的城市特征，而前来深圳打拼的年轻移民大都是怀着改变生活、改变命运的梦想者，由此形成了深圳在城市精神上的理想主义性格；移民城市也是价值宽容、文化多元的社会，尤其是经济的国际开放性和移民的高度流动性带来了文化资源的快速流动。而"流动性的文化"所具有的活力，也为深圳城市文化的创新性发展提供了前提和基础。而在社会发展领域，随着深圳外向型经济的发展，深圳全面接轨以商业合同等市场契约为基础的国际规则，不仅推动了政府的当代转型，也形成了一个相对成熟的商业社会，其结果是一批具有公民权利意识、自由选择观念和契约精神的社会群体的出现，不仅印证了现代社会的一般

"文化立市"战略的提出，有国家发展的文化背景，也是深圳文化追求的必然结果，意味着在深圳这座以经济特区为标签的城市里，政府和社会日益深刻的文化自觉，以及年轻的深圳面向未来的文化抱负。

发展逻辑，也体现了深圳作为现代商业城市的市民精神。

假如说经济和社会发展为观念文化提供了试验场，那么就文化实践而言，通过追寻一条以创新型、智慧型、包容型和力量型文化为主轴的文化发展道路，深圳进一步形成了以理性、创造、包容、进取为鲜明特征的文化取向。

王京生:《文化立市论》——
深圳文化立市战略的理论诠释与实践注解。

"文化立市"是深圳文化发展中的重要理念，也是深圳文化进步的重要节点，创新、智慧、包容和力量集中体现其中。

作为经济特区，深圳长期以来都是以其"经济形象"出现在世人的视野中。事实上，深圳也正是以其经济上的迅速发展和巨大成功奠定了其在中国乃至世界上的城市地位。但与此同时，除了经济上的追求，深圳在文化上的追求也极其突出。这一方面来源于自身文化根基的薄弱，只有致力于城市文化的更大发展，城市的现代功能才会日趋完善；另一方面，作为中国最具理想主义精神的城市，深圳的文化发展无疑是城市隐而不宣的内在精神动力，是深圳勇于进取的精神路向和自强不息的血气表现。作为其中的内核，这种自强不息的理想精神，由特区建设之初开拓、创新、进取的"拓荒牛"精神而衍生，并伴随深圳的发展壮大生发出更加丰富的历史内涵，并扩展到经济、政治、社会和文化等各个领域。

"文化立市"战略的提出，有国家发展的文化背景，也是深圳文化追求的必然结果，意味着在深圳这座以经济特区为标签的城市里，政府和社会日益深刻的文化自觉，以及年轻的深圳面向未来的文化抱负。

假如说经济和社会发展为观念文化提供了试验场，那么就文化实践而言，通过追寻一条以创新型、智慧型、包容型和力量型文化为主轴的文化发展道路，深圳进一步形成了以理性、创造、包容、进取为鲜明特征的文化取向。

在"文化立市"战略提出前后的文化实践中，深圳致力于城市文化发展理念和发展战略的创新，实现市民基本的文化权利、建构完善的公共文化服务体系，成为政府公共文化行政的核心理念。如"高品位文化城市"的提出，暗含与传达了这座年轻的移民城市高远的文化梦想；而图书馆之城、钢琴之城和设计之都"两城一都"等策略的确定与实施，成就了城市鲜明的文化个性；将文化产业定位为第四大支柱产业和战略性新兴产业，则掷下了"以文化论输赢"的先手棋。

事实上，深圳文化建设从刚成立特区时的一穷二白，到"八大文化设施"的落成，从文化设施和文化服务的极度匮乏，到如今遍布全城的文化设施网络的日趋完善，以及各种极具创意的文化活动的广泛开展，正是30多年来深圳文化人以极大的文化创新精神和极强的文化使命感开拓出来的局面，反映了深圳不懈的文化追求。

最能体现"文化立市"中的创新精神的领域，或许是文化体制的改革。早在1989年，深圳文化部门就制定出台了文化体制改革方案，积极进行表演艺术团体等微观文化主体改革，逐步探索出一条从单一的"政府办文化"转向"社会办文化"的路子，同时在文化管理体制上将"小文化"管理改为"大文化"管理，率先在全国建立起集文化艺术、新闻出版、广播电视三位一体的"大文化"管理架构和文化市场的综合执法体制，为后来全国的文化大部制改革提供了模式借鉴。2003年，以深圳被中央确定为全国文化体制改革综合性试点城市为契机，深圳一方面加强文化宏观管理体制改革，推动政府职能的"三个转变"，另一方面深化国有文化事业单位改革，推动34家经营性文化事业单位全部转企改制，10家公益性文化事业单位完成内部"三项制度"改革，成立三大国有文化集团，探索了以三大集团为对象的国有文化资产监管模式。深圳在文化体制改革上所取得的进展和成效，不仅促进了深圳十多年来文化的发展繁荣，也得到了中央的高度肯定，连续四次获得了"全国文化体制改革先进地区"称号。

深圳文化产业成为全国文化产业发展的领头羊，也是深圳文化的创新、智慧、包容和力量要素集中体现的优秀成果。

在文化产业的发展上，文博会是一个广阔的平台和强有力的推手。这个展会的奇特之处在于它的主会场和分会场的联动机制，即在深圳会展中心一年一度设置主展馆，展示和交易来自全国的文化产品，同时在深圳全市各区遴选出以代表性的文化产业园区作为分会场，同时参与展示和交易。这样做的目的是用一年一度所形成的观展人流和采购商以及所形成的强大舆论场，来培植和催生本地文化产业的成长。换言之，以国家级的文化产业平台带动深圳本地文化产业成长；又以本地的文化产业园区去支撑国家文化产业平台。

自2004年首届开始，文博会就被定位为我国唯一的国家级、国际化、综合性文化展会。谓其国家级，说明文博会代表的是一个国家的整体，不仅要展示我国东部经济发达地区的文化产业发展成果，还要对中西部地区起到辐射、示范、带动的作用。深圳每年都对中西部地区政府组团的展位面积、参展费用等予以倾斜，支持中西部地区丰厚的文化资源向优质的文化资本转化。从 2010 年开始，文博会已经连续 5 年实现"满堂红"，全国各省、自治区、直辖市及港澳台地区全部参展，10 届文博会累计成交额超过 1 万亿元，很好地实现"展在深圳、花开全国"的目的。说到国际化，文博会自诞生之日起就肩负着推动中华文化走出去的重要使命。深圳面朝大海，积极开拓"海上丝绸之路"，在海外设立"文博会直通车"，举办推介活动，广招合作伙伴，文博会参展海外客商数和海外展区面积逐年增加，10 届累计出口交易额突破了 1000 亿元，成为我国文化扬帆出海的桥头堡。与一般专业性展会不同，综合性是文博会非常重要的特点和优势，体现了对各种文化相关产业的包容和对新业态的引领，为文化产业与各相关产业的融合发展、创新发展创造了有利条件。2004 年首届文博会举办以来，其不断优化参展比例与结构，重点引进和展示能体现文化产业发展前端和趋势、代表行业发展水平的项目，持续探索并催生出"文化＋科技""文化＋创意""文化＋金融""文化＋旅游"等新的文化业态。到了第十届，新业态内容占参展项目的70%，其中文化与科技融合项目成交额达 1183 亿元，超过总成交额的一半。文化产业与其他产业融合是大趋势，而文博会犹如催化剂，加速了这一融合进程。

读书月作为一种相对微观的文化活动，对于一些文化中心城市也许并不起眼，但其中传达着深圳作为新兴城市的文化追求，凝聚着创新、智慧、包容和力量。

如何在知识经济时代取得城市发展的优势？在我们看来，构建科学人文精神浓厚的学习型、知识型社会，提高广大市民的知识素养，显然是其不二法门。在这方面，深圳无疑是具有高度的文化自觉的。作为一座年轻的移民城市，深圳从一开始就具有极强的求知欲：我们如今还对 20 世纪 80 年代深圳图书馆人满为患的阅读图景和第七届全国书市在深圳举办时的空前盛况记忆犹新。正是基于这种强大的社会阅读需求，深圳 1996 年在罗湖金融区建成了全国第一座大型书城，此后又在南山区和福田区的黄金地段建成了南山书城和中心书城。三大书城的建成，不仅极大地缓解了深圳人的知识需求，而且强力推动了深圳阅读风气的形成，深圳连续 20 多年成为全国人均购书量最大城市，就是最好的证明。

为了更好地满足市民的阅读文化需求，建设完善的公共文化服务体系，深圳十年前提出了建设"图书馆之城"的发展目标。如今，"图书馆之城"建设已取得重大进展，不仅拥有639 个市、区、街道、社区图书馆（室），而且实现了 212 家主要公共图书馆的资源共享和统一服务。其中特别值得提及的是，深圳图书馆自建馆以来坚持走技术立馆、技术强馆路线，通过 RFID 技术而成功研制出拥有自主知识产权的"城市街区 24 小时自助图书馆"系统，创造了集节约化、智能化、个性化、便捷性于一体的"第三代图书馆"，获得了第三届"中国文化创新奖"。如今，200 台自助图书馆已布局于全市各个主

读书月作为一种相对微观的文化活动，对于一些文化中心城市也许并不起眼，但其中传达着深圳作为新兴城市的文化追求，凝聚着创新、智慧、包容和力量。

要街区，成为深圳"图书馆之城"建设成效的又一标志。

深圳以追求知识和理性的智慧型文化建设，除了在硬件上加大投入，还集中体现在软件特别是全民阅读活动的开展中，其标志就是"深圳读书月"。自 2000 年以来，深圳读书月已连续成功举办了 14 届，不仅活动数量、活动内容日益丰富，而且活动形式不断推陈出新，社会影响进一步扩大，成为深圳一年一度的阅读狂欢节。

大气压制浮躁，优雅驱除粗俗。我们之所以举办"深圳读书月"、推广全民阅读，目的就是在深圳这样的经济特区城市，标榜一种文化的精神和姿态，在追求财富（"铜臭"）的城市氛围中营造一种"书香"，在以务实著称的广东成为一块高雅的文化飞地，在中国日益世俗化的城市文化中构建一种有品位的精神生活，不仅使尊崇知识、求学问道的旗帜在深圳高举飘扬，使以读书为荣、以读书为乐成为深圳市民的价值观念和生活方式，使深圳因崇尚阅读而成为受人尊敬的城市，而且深切地改变了深圳的人文面貌，有效地扭转了世人对深圳的文化想象，成为深圳展现文化新气象、营造书香社会的一个标志性符号。事实上，深圳先后被评为全国文明城市、全国全民阅读先进单位，被世界资本学会和新巴黎俱乐部评为"杰出的发展中的知识城市"，正可谓对深圳追求智慧型文化、构建学习型知识型城市的精神嘉奖。

深圳读书月更是受到联合国教科文组织的关注。2011 年 11 月 3 日，联合国教科文组织总干事伊琳娜·博科娃女士特意为第十二届深圳读书月发来贺信，盛赞深圳率先设立读书月之举极富改革创新精神，对市民参与读书月的热情表示赞许。2012 年 10 月 11 日，应联合国教科文组织的邀请，笔者率深圳代表团到访位于法国巴黎的联合国教科文组织总部，会见教科文组织总干事伊琳娜·博科娃。博科娃表示，深圳文化产业所取得的成就令人振奋，同时深圳已在推动全民阅读、发动民营企业力量促进全球教育文化的发展等方面树立了国际典范。今后，联合国教科文组织将继续加强与深圳在文化创意、图书、全民阅读等多个领域的合作。2013 年 10 月 21 日，联合国教科文组织授予深圳"全球全民阅读典范城市"称号。博科娃说，深圳不仅是中国改革开放的先锋城市，在创意创新以及文化发展等领域也处于领先地位。授予深圳"全球全民阅读典范城市"称号，是对深圳十几年来坚持不懈推动全民阅读的肯定，也是对深圳作为"设计之都"为全球创意城市网络所做贡献的褒奖。

回顾深圳的发展历史，尤其是城市文化的发展过程，我们会发现，创新型、智慧型、包容型、力量型文化正日益成为深圳文化的主流，成为深圳区别于其他城市的最具标识性的文化取向。而深圳在这方面所取得的进展与成效，更加坚定了我们以此取向引导城市向前迈进的信心。作为中国最发达的城市之一，深圳以其经济上的优异表现早已跨入全国一线城市的行列，而我们需要深入思考的是，如何进一步推动城市文化的繁荣、健康发展，进而奠定深圳在全国的文化一线城市的地位？深圳在给全国城市发展提供了一个"经济样本"的同时，能否秉承创新型、智慧型、包容型、力量型的文化取向，为全国提供一个来自深圳的"文化样本"？可以说，这既构成了深圳文化人的文化使命，也是我们未来努力的方向。

城市文化发展的实质是城市文化精神的树立。对于深圳而言，倡导和培育创新型、智慧型、包容型、力量型城市文化，是在路径上、内涵上寻找一种有强大生命力和远大前途的新文化，应是推动城市文化可持续发展的目标形态。

以创新、智慧、包容和力量为追求的深圳，承载着实现中华民族伟大复兴的梦想，肩负着发现价值、倡导创新、弘扬智慧、激发力量的历史使命，行进在"古今中西"的历史交错口，最敏锐地搜索着反映时代发展的新符号。

从纵向上说，深圳的文化实践承接中华民族近代以来追求创新、智慧、包容和力量的文化精神，走在中国特色社会主义文化发展道路的前沿，不断开拓创新型、智慧型、包容型、力量型城市主流文化的发展途径。

从横向上说，深圳的文化探索直接而鲜明地反映着东西方文化的交融和碰撞，汇集了世界先进城市的文化潮流，提炼了创新、智慧、包容、力量这些具有恒常意义和时代特色的价值元素，引领我国文化道路在未来探索中的新动向。

建设创新型、智慧型、包容型、力量型城市主流文化，使深圳文化创意勃发、学术睿智泉涌、文明浪潮波澜壮阔、文化产业风起云涌、国际声望日益彰显，成为文化发展繁荣的良田沃土。深圳的文化流动和主导趋势，既是历史前进的继续，也是国际交流的集合，集中体现为"国家立场"的"深圳表达"。

注释

[1] 参见中商情报网,http://www.askci.com，访问日期：2013 年 2 月 27 日。

[2] 参见中国软件网，http://www.soft6.com/ews/201304/10/230418.html，访问日期：2013 年 11 月 24 日。

[3] 截至 2012 年底，深圳全市实有总人口 1830 多万，其中流动人口达1532.8 万，户籍人口 305 万，参见《深圳商报》2013 年 10 月 29 日。

对于深圳而言，倡导和培育创新型、智慧型、包容型、力量型城市文化，是在路径上、内涵上寻找一种有强大生命力和远大前途的新文化，应是推动城市文化可持续发展的目标形态。

结 语

CONCLUSION

我们需要什么样的
文化繁荣

———————

WHAT KIND OF CULTURAL PROSPERITY
DO WE NEED

文化繁荣的花朵在历史的天空中次第绽放，但带给人们的并不总是沁人心脾的芬芳。在当今文化流动的大时代，我们需要什么样的文化繁荣？

且听听大洋彼岸的一段百年回响。

1899 年 4 月 10 日，美国第 26 任总统西奥多·罗斯福在芝加哥题为《赞奋斗不息》的演讲中说：

> 我们不能扮演中国的角色，要是我们重蹈中国的覆辙，自满自足，贪图自己疆域内的安宁享乐，渐渐地腐败堕落，对国外的事情毫无兴趣，沉溺于纸醉金迷之中，忘掉了奋发向上、辛劳、冒险的高尚生活，整天忙于满足我们肉体的欲望，那么，毫无疑问，总有一天我们会突然发现中国今天已经发生的这一事实：畏惧战争、闭关锁国、贪图安宁享乐的民族在其他强壮的、爱冒险的民族的进攻面前是肯定要衰败的。[1]

115 年前的美国声音，在今天的中国听起来依然振聋发聩。西奥多·罗斯福的话语提示我们思考，"中国梦"时代的中国，需要一种什么样的文化支撑？

一个城市，只有经济发展体现出文化的品格，才能进入更高的发展阶段；一个民族，只有文化体现出比物质和资本更强大的力量，才能造就更大的文明进步；一个国家，只有重新焕发古老文明的生机，实现文化上的大发展大繁荣，建立强大的文化话语权，才能实现强国的梦想。

但是，仅仅清楚地懂得这些并不足够，我们更加期待的是，在实现中华民族伟大复兴的大背景下，中华文化正在迎来一个新的伟大的时代，创新、智慧、包容、力量将是这个时代的重要特征。

创新、智慧、包容、力量是人类文明的生命体征，是人类进步的基本取向，是人性光辉的集中绽放。创新、智慧、包容、力量是互动交融的整体，在一定的文化体系中，创新、智慧、包容和力量互为表里，也互为基础和动力。创新需要智慧、包容和力量的支撑；智慧高于知识，真正的智慧都是有创造性的；包容本身就是一种智慧；创新、智慧和包容本身就是力量。力量是衡量创新、智慧和包容的价值尺度和标准。如果创新不能增进力量，反而变成了自我消弭、自我颓废的新花样，那么，这样的所谓创新更是有害而无益；如果智慧不能增进力量，反而变成了无谓的复杂和烦琐，那么这样的所谓智慧是没有意义的；如果包容只是是非不辨、毫无原则的妥协或躲避，那么这样所谓的包容永远也孕育不出文化的新生与刚强。

崇尚创新、智慧、包容、力量是中国文化的价值追求。特别是近代以来，伴随着中华民族的抗争和崛起，以传统文化为靶向的变革创新、以科学为旗帜的开启民智、以民族民主革命为主题的搏杀对决，形成了波澜壮阔的历史洪流，把中国文化中的创新追求、智慧追求、力量追求推向了高潮。而中国共产党领导人民建设的新民主主义文化和中国特色社会主义文化，正是这种追求的杰出代表。

新时期，党的十八大报告第一次提出："倡导富强、民主、文明、和谐，倡导自由、平等、公正、法治，倡导爱国、敬业、诚信、友善，积极培育社会主义核心价值观。"这个概括，表达了近世以来中华文化的根本诉求，浓缩了中国传统文化的精髓，汲取了人类文明的优秀成果，展示着当代中国文化的绚丽多彩和恢宏气度。富强、民主、文明、和谐，是我国在社会主义初级阶段的奋斗目标；自由、平等、公正、法治，反映了社会主义社会的基本属性，是我们党和国家奉行的基本价值理念；爱国、敬业、诚信、友善，是公民基本道德规范的核心要求，体现了公民道德行为的本质属性。

可以说，社会主义核心价值观既坚守国家社会的目标又张扬了人的主体性，既有深厚的传统底蕴又有鲜明的时代特征，体现了中国人思想价值的"最大公约数"，形成了中国特色社会主义建设的创新、智慧、包容和力量，成为我们建设创新型、智慧型、包容型、力量型文化的经典内涵和根本指导。

当前的中国，一方面面临着全球化时代消费主义无孔不入的影响，面临着 GDP 崇拜背景下经济决定论和物质主义的对民族精神的侵蚀，面临着文化积淀论的根深蒂固和"体用"思维模式的有形或无形的左右，面临着价值失范与旧有概念的牵强附会，面临着自由主义、儒家保守主义、教条化马克思主义等等的纷争；另一方面迎来了改革创新再出发的坚定脚步，迎来了整个民族的文化自觉与文化自信，迎来了民族复兴对具有全球影响力的文化的呼唤。

在文化加速流动的新时代，创新、智慧、包容、力量成就中国文化的未来。聚合创新、智慧、包容、力量要素，未来的中国文化一定会是超越已经困扰中国百年的中西体用之争的文化，一定会是海纳百川、兼容并包、具有丰富多样性的文化，也一定是具有强大创新动力，充满智慧，海纳百川，理性与血性兼备，具有与经济、政治、军事实力相匹配的全球话语权和影响力的文化。

2013 年 9 月 21 日，联合国教科文组织总干事伊琳娜·博科娃在深圳大型交响乐《人文颂》巴黎演出致辞中说：

> 创意和对话是和谐"全球"与"本地"的必需因素，也是以有意义、可持续的方式推进新人文主义的必需因素。……在一个变化万端的世界里，《人文颂》将是我们的一处灵感之源。

未来的中国文化，将会为人类的可持续发展不断提供更加丰富的灵感和不竭的动力。

> 我在路上
> 看见满天星光
> 梦想成真的脚步怎能阻挡
> 我在路上
> 相信前途宽广
> 明天的太阳一定会升起
> 在闪耀光芒 [2]

注释

[1] 〔美〕西奥多·罗斯福:《赞奋斗不息》,《赞奋斗不息:论文与演讲》,纽约:世纪公司,1900,第 5 页。

[2] 田地:《梦想星光》。

参考文献

BIBLIOGRAPHY

我们需要什么样的
文化繁荣

WHAT KIND OF CULTURAL PROSPERITY
DO WE NEED

《马克思、恩格斯、列宁、斯大林论文艺》，人民出版社，1953。

艾伦·麦克法兰:《现代世界的诞生》，管可秾译，上海人民出版社，2013。

柏拉图:《苏格拉底的回辩》，北京大学哲学系外国哲学史教研室编译《西方哲学原著选读》（上卷），商务印书馆，1981。

贝淡宁、艾维纳:《城市的精神》，吴万伟译，重庆出版社，2012。

贝内特·塞尔夫:《阅读的乐趣》，林衡哲、廖运范译，《出版视野》2005年第6期。

本尼迪克特·安德森:《想象的共同体——民族主义的起源与散布》，吴叡人译，上海世纪出版集团，2011。

波尔佳科夫、斯捷帕诺夫:《中国的经济特区》，项国兰编译，《马克思主义与现实》2000年第5期。

伯里克利:《阵亡将士国葬典礼上伯里克利的演说》，选自修昔底德《伯罗奔尼撒战争史》，谢德风译，商务印书馆，1985。

卜正民:《纵乐的困惑：明代的商业与文化》，方骏等译，生活·读书·新知三联书店，2004。

查尔斯·兰德利:《作为创意城市的伦敦》，约翰·哈特利编著《创意产业读本》，曹书乐、包建女、李慧译，清华大学出版社，2007。

查尔斯·兰德利:《创意城市——如何打造都市创意生活圈》，杨幼兰译，清华大学出版社，2009。

陈方正:《继承与叛逆——现代科学为何出现在西方》，生活·读书·新知三联书店，2009。

丹麦文化部、贸易产业部:《丹麦的创意潜力》，李璞良、林怡君译，台北典藏艺术家庭股份有限公司，2004。

董滨、高小林:《突破：中国特区启示录》，武汉出版社，2000。

费孝通:《开创学术新风气》，《费孝通论文化与文化自觉》，群言出版社，
2005。

弗·恩格斯:《自然辩证法》，《马克思恩格斯选集》第3卷，人民出版社，
2012。

弗雷德里克·巴比耶:《书籍的历史》，广西师范大学出版社，2005。

弗雷德里克·马特尔:《论美国的文化——在本土与全球之间双向运行的文化体
制》，周莽译，商务印书馆，2013。

弗雷德里克·马特尔:《主流——谁将打赢全球文化战争》，刘成富等译，商务
印书馆，2012。

伏尔泰:《风俗论》（上册），梁守锵译，商务印书馆，1996。

葛兰西:《葛兰西文选》，中央编译局译，人民出版社，1992。

韩冬雪:《论中国文化的包容性》，《山东大学学报（哲学社会科学版）》2013年
第2期。

赫拉克利特:《赫拉克利特著作残篇》，北京大学哲学系外国哲学史教研室编译
《西方哲学原著选读》，商务印书馆，1981。

赫西俄德:《工作与时日神谱》，张竹明、蒋平译，商务印书馆，1995。

黑格尔:《历史哲学》，上海书店出版社，1999。

亨德里克·房龙:《宽容》，迮卫、靳翠微译，生活·读书·新知三联书店，1985。

胡长林:《希腊文化之源及其在欧洲的传播》，《西南师范大学学报（哲学社会科
学版）》1995年第3期。

贾雷德·戴蒙德:《枪炮、病菌与钢铁：人类社会的命运》，谢延光译，上海世纪出版集团，2006。

简·雅各布斯:《集体失忆的黑暗年代》，姚大均译，中信出版社，2007。

卡尔·雅斯贝斯:《历史的起源与目标》，魏楚雄、俞新天译，华夏出版社，1989。

孔多塞:《人类精神进步史表纲要》，何兆武、何冰译，生活·读书·新知三联书店，1998。

连清川:《我们的金瓶梅时代》，英国《金融时报》中文网，2012年6月18日。

联合国教科文组织世界报告:《着力文化多样性与文化间对话》，巴黎联合国教育、科学及文化组织，2010。

联合国贸发会议主编《2010创意经济报告》，中国社会科学院文化研究中心译，北京三辰影库音像出版社，2011。

林于良:《西方消费主义对中国主流价值观的影响及其应对》，《理论导刊》2013年第2期。

刘士林:《城市兴衰的文化阐释》，《学术界》2010年第2期。

刘易斯·芒福德:《城市发展史——起源、演变和前景》，宋俊岭、倪文彦译，中国建筑工业出版社，2004。

刘易斯·芒福德:《城市文化》，宋俊岭、李翔宁、周鸣浩译，郑时龄校，中国建筑工业出版社，2009。

刘易斯·芒福德:《刘易斯·芒福德著作精萃》，唐纳德·L. 米勒编，宋俊岭、宋一然译，中国建筑工业出版社，2010。

刘长乐:《文化交融与文明对话中包容的智慧》，第十届罗德文明对话论坛主旨发言，2012年10月4日。

鲁道夫·朱利安尼:《第二任期就职演说:永久改变的议程》,《城市的精神》,吴万伟译,重庆出版社,2012。

罗班:《希腊思想和科学精神的起源》,转引自胡长林《希腊文化之源及其在欧洲的传播》,《西南师范大学学报(哲学社会科学版)》1995年第3期。

罗伯特·E. 勒纳、斯坦迪什·米查姆、爱德华·麦克纳尔·伯恩斯著《西方文明史》,王觉非等译,中国青年出版社,2010。

罗伯特·保罗·欧文斯等著《世界城市文化报告2012》,黄昌勇、侯卉娟、章超等译,同济大学出版社,2013。

罗素:《罗素文集》(第一卷),靳建国等译,内蒙古人民出版社,1997。

罗素:《西方哲学史》(上卷),何兆武、李约瑟译,商务印书馆,1963。

罗素:《中国问题》,秦悦译,学林出版社,1996。

迈克·费瑟斯通:《消费文化与后现代主义》,刘精明译,译林出版社,2000。

尼尔·波兹曼:《娱乐至死》,章艳译,广西师范大学出版社,2004。

乔恩·米查:《美国梦的历史》,美国《时代周刊》2012年7月2日。

乔尔·科特金:《全球城市史》,王旭等译,社会科学文献出版社,2006。

泰勒·考恩:《商业文化礼赞》,严忠志译,商务印书馆,2005。

托马斯·班德:《从纽约的历史——看创新文化的生长——托马斯·班德教授在华东师范大学思勉人文高等研究院的讲演》,《文汇报》2009年2月21日。

威尔·杜兰特:《世界文明史——希腊的生活》,台湾幼狮文化译,华夏出版社,2010。

威廉·迪安:《美国的精神文化——爵士乐、橄榄球和电影的发明》,袁新译,商务印书馆,2013。

维柯:《新科学》(上册),朱光潜译,商务印书馆,1989。

吴晓群:《希腊思想与文化》,上海社会科学院出版社,2012。

(宋)吴自牧:《梦粱录》,浙江人民出版社,1980。

西奥多·罗斯福:《赞奋斗不息》,西奥多·罗斯福:《赞奋斗不息:论文与演讲》,纽约:世纪公司,1900。

邢宇皓:《阅读给你智慧和力量》,《光明日报》2006年4月20日。

修昔底德:《伯罗奔尼撒战争史》,谢德风译,商务印书馆,1985.

雅克·巴尔赞:《从黎明到衰落:西方文化生活五百年,1500年至今》,林华译,中信出版社,2013。

亚里士多德:《大伦理学》,《亚里士多德全集》(第八卷),徐开来译,中国人民大学出版社,1992。

伊丽莎白·科瑞德:《创意城市:百年纽约的时尚、艺术与音乐》,陆香、丁硕瑞译,中信出版社,2010。

依迪丝·汉密尔顿:《希腊精神》,葛海滨译,华夏出版社,2012。

裔昭印主编《世界文化史》,华东师范大学出版社,2000。

余英时:《序》,载陈方正《继承与叛逆——现代科学为何出现在西方》,生活·读书·新知三联书店,2009。

约翰·霍金斯:《创意经济——好点子变成好生意》,李璞良译,台北典藏艺术家庭股份有限公司,2003。

约瑟夫·熊彼特:《经济发展理论》,何畏、易家详等译,商务印书馆,1991。

张光成:《智与情:中西文化的一个差别》,《中华读书报》1999年12月8日。

张树卿:《论古希腊的文化特点》,《东疆学刊（哲学社会科学版）》1994年第1期。

赵玲:《消费的人本意蕴及其价值回归》,《哲学研究》2006年第9期。

赵玲:《消费维度中的西方意识形态影响与批判》,《政治学研究》2011年第3期。

郑永年:《为什么中国没有文化崛起》，新加坡《联合早报》2014年4月23日。

周密:《武林旧事》卷三《西湖游幸》。

后 记

AFTERWORD

我们需要什么样的
文化繁荣

————————

WHAT KIND OF CULTURAL PROSPERITY
DO WE NEED

本书的最初概念源于 2004 年的一次座谈会，在当时的发言中我谈到自己的一个感触：南宋临安的文化不可谓不繁荣，但其中的主流是一种消弭人的意志、失去血性的文化；深圳作为一个年轻的城市，不能走"娱乐至死"之路，深圳的文化应该是有血性、有力量的。这一看法得到一些学者的认同。

这种感触一直引导我在文化问题上的思考。一方面，国家越来越重视文化发展，文化大发展大繁荣成为国家战略，令人欢欣鼓舞；另一方面，作为研究者和实践者我也有一种忧虑，即历史上因为文化发展的路径和形态不同，造成的结果是迥异的。像我们的汉唐文化，包括春秋战国文化，铸就了伟大的气象，但有些文化又露出亡国的先兆。到底发展一种什么样的文化，是一个民族要严肃思考的问题。

2008 年 8 月我在中国城市文化论坛上提出，文化有着不同的类型，力量型的文化强调血性，智慧型的文化则追求知识和理性，只有融合了这两种文化价值，城市文化才具有真正的竞争力。如何在促进文化不断发展和繁荣的前提下，让城市文化兼具力量和智慧的双重品格，将成为值得城市文化研究者和建设者思考的重大课题。2008 年 9 月我的这些想法形成《追寻力量型与智慧型的城市文化》一文。

此后，在 2008 年 9 月 28 日深圳市民文化大讲堂 300 场庆典活动上，我提出：如何保持城市文化兼具力量和智慧的品格，是在娱乐中消解，还是崇尚创新、刚健、智慧和力量？值得我们去做深入的思考。

在其后的研究中，我进一步认识到创新对于一个城市和一个国家的意义，认为与临安、古罗马高度娱乐、休闲化的自我消弭性文化相比，还有另外一种文化类型，这就是融合了血性和理性的力量型、智慧型和创新型文化。中国的先秦时期文化和古希腊文化，可以说是这种力量型、智慧型、创新型文化类型的典范。只有融合这三种文化价值，才是健全和具有比拼力的文化存在。这些观点主要反映在 2009 年 11 月发表的《创造高尚的城市文明样式——关于阅读与城市发展战略的若干思考》一文之中，以及《深圳城市发展中的文化自觉》《改革创新：深圳精神的根与魂》《城市，因阅读而改变》《有多少观念激励我们前行——"十大观念"与社会主义核心价值体系建设》等文章中。

2014 年初，在申报国家社科基金艺术学重大项目"新兴城市文化流动和文化创新研究"的前期研究和课题论证过程中，我将"文化流动时代的文化类型选择"列为总报告的重要研究内容之一，这也是开展系统的"创新型、智慧型、力量型文化研究"的最主要动力。

在成书过程中我认识到，虽然"包容"蕴藏在创新型、智慧型和力量型文化之中，还是单独提出为好。因为，当今世界包容显得更加重要，世界冲突不断的根源都是不包容的结果。我也赞同"经济冲突背后更深层次的原因是文化的冲突"的观点，并认为这种冲突是可以通过人类的理智妥善解决的。因此，对包容概念进行系统阐释十分必要。

写作过程中，王为理提供了很多真知灼见，并为此搜集了大量材料；周笑冰、杨立青、史学正参与了本书部分章节的初稿写作；韩望喜、王跃军、杨建等也为本书提供了意见和材料；社会科学文献出版社领导和编辑在付梓过程中给予了大力支持，在此一并表示感谢。

本书是国家社科基金艺术学重大项目"新兴城市文化流动和文化创新研究"的一项阶段性成果，它与《文化是流动的》一书一起，构成此项研究的两块理论基石。在相当程度上，现有的研究还只是一种准备性分析，期望在此基础上形成更丰富的研究成果。

王京生

2014 年 10 月 21 日

图书在版编目(CIP)数据

我们需要什么样的文化繁荣 / 王京生著. —北京：
社会科学文献出版社，2014.11（2015.6重印）
ISBN 978-7-5097-6523-4

Ⅰ．①我⋯　Ⅱ．①王⋯　Ⅲ．①文化事业－建设－研究－
中国　Ⅳ．①G12

中国版本图书馆CIP数据核字（2014）第211600号

我们需要什么样的文化繁荣

著　　者 / 王京生

出 版 人 / 谢寿光
项目统筹 / 周映希
责任编辑 / 周映希

出　　版 / 社会科学文献出版社
　　　　　　地址：北京市北三环中路甲29号院华龙大厦　邮编：100029
　　　　　　网址：www.ssap.com.cn
发　　行 / 市场营销中心（010）59367081　59367090
　　　　　　读者服务中心（010）59367028
印　　装 / 北京京华虎彩印刷有限公司

规　　格 / 开　本：787 mm×1092 mm　1/16
　　　　　　印　张：16.5　字　数：158千字
版　　次 / 2014年11月第1版　2015年6月第3次印刷
书　　号 / ISBN 978-7-5097-6523-4
定　　价 / 69.00元